Astrología Védica

La guía definitiva de la astrología hindú y los 12 signos del Zodiaco

Tabla de contenido

Introducción

La astrología védica o Jyotisha es un regalo para el mundo de la antigua India, anterior a la era cristiana. Esta ciencia no ha sido concebida experimentalmente, sino que ha sido percibida a través del poder de la visión iluminada de los antiguos sabios y videntes, entre los que destaca el sabio Parashará, que se cree que es el autor original de los textos védicos.

La astrología védica es la necesidad del momento, teniendo en cuenta el confuso entorno que aturde al mundo moderno. A pesar del aparente logro de altos niveles de comodidad materialista moderna, seguimos persiguiendo obstinadamente la felicidad sostenible. La razón principal de esta dicotomía es que parece que no sabemos ni aceptamos que cada uno de nosotros es único y tiene diferentes necesidades y propósitos vitales.

La astrología védica es una herramienta de sabiduría que nos regalaron los antiguos videntes de la India para ayudarnos a entender esta singularidad de nuestra individualidad y así poder seguir el camino de nuestro propósito personal de vida.

Este libro está escrito con el fin de enseñar los fundamentos de la astrología védica a los principiantes. Sin embargo, las personas que ya tienen un conocimiento razonablemente sólido de este fascinante y vasto tema se beneficiarán de él. El libro contiene numerosos aspectos de la astrología védica dentro de sus cubiertas. Saber que se puede acceder a una gran variedad de temas sin tener que pasar de un libro a otro es una gran ventaja tanto para los aprendices nuevos como para los experimentados.

Empezando por la parte más básica, es decir una simple pero poderosa introducción a este antiguo, pero eterno, tema, hasta el complejo y estratificado tema de las tablas Ashtakavarga, este libro es genial para todos aquellos interesados en la astrología védica. Además, este libro está actualizado y es completo, dando tanto a los principiantes como a los expertos la combinación perfecta para aprender y refrescar sus conocimientos sobre los diversos subtemas del Jyotisha.

Un principiante puede comenzar desde el capítulo 1 y aprender paso a paso a medida que aumenta la complejidad. Un experto puede simplemente hojear el índice y elegir un tema al que necesite acceder inmediatamente y aclarar cualquier duda que surja en el momento. Por lo tanto, aunque es un libro para principiantes, también puede ser un valioso complemento para un experto.

Capítulo 1: Introducción a los antiguos textos astrológicos védicos

Hace siglos, los antiguos sabios y rishis de la India hablaron sobre el ahora popular concepto de autoconocimiento, que ha demostrado ser altamente beneficioso para el crecimiento y desarrollo de un individuo. Los antiguos videntes decían: "El autoconocimiento es la base de todo conocimiento". Cuanto más se conozca a sí mismo, mejor será la capacidad de asimilar los conocimientos externos aprendidos en libros, maestros, guías y mentores.

Aprender sobre sí mismo incluye conocer los efectos del sistema planetario en su vida, que es de lo que trata la astrología védica o Jyotisha. Jyotish, en sánscrito, se traduce como "la ciencia de la luz". Es una rama importante de los Vedas, los antiguos textos sagrados de la India, y del Sanatana Dharma, que el mundo occidental conoce como hinduismo. El Jyotish se conoce con otros nombres y diferentes grafías, entre ellos:

- Jyotisha
- Jyotisha
- Astrología hindú

- Astrología védica
- Astrología India

El término *astrología hindú* se utiliza desde principios del siglo XIX. La astrología védica cobró importancia, especialmente en el mundo occidental, en torno a la década de 1970, gracias a la difusión del yoga y el ayurveda. El Vedanga Jyotisha es uno de los primeros textos astronómicos encontrados en los Vedas, fechado muchos siglos antes del nacimiento de Cristo.

La astrología védica se basa en dos conceptos primordiales del hinduismo: el karma y el renacimiento. En términos sencillos, en el hinduismo la ley del karma establece que vivimos y trabajamos dentro de ciertos parámetros y limitaciones creados por las acciones o el karma realizado en nuestras vidas anteriores. Por lo tanto, es posible predecir nuestro futuro a través de la astrología védica, que tiene el poder de demostrar cuál de los karmas anteriores dará sus frutos en la vida actual.

Además, allana el camino hacia el desarrollo espiritual al mostrar cómo los individuos pueden mejorar su calidad de vida a través de la práctica de pensamientos más elevados y una vida mejor.

Historia de la astrología védica

Hay seis Vedangas, las disciplinas auxiliares del sistema de aprendizaje védico de la India. Estos seis Vedangas o ramas de estudios son esenciales para el apoyo de los rituales védicos y la educación. Ellas son:

- Shiksha (Fonética)
- Kalpa (Canon ritual)
- Vyakaran (Gramática)
- Nirukta (Explicación)
- Chhanda (Medidor védico)
- Jyotisha (Astrología)

El Vedanga Jyotisha es uno de los primeros textos conocidos sobre astrología védica. La obra existente está fechada en los últimos siglos antes de Cristo, pero se cree firmemente que el Vedanga Jyotisha describe una tradición que se remonta al menos al 600-700 a. C.

El Vedanga Jyotisha es muy relevante para la datación de los Vedas porque describe el solsticio de invierno para el periodo alrededor del 1400 a. C. Esta historia del solsticio de invierno se utiliza para descubrir la antigüedad de los Vedas. Existen dos versiones del Vedanga Jyotisha, una para el Rigveda y otra para el Yajurveda. Ambas recensiones tienen los mismos versos, excepto ocho versos adicionales en la recensión del Yajurveda.

Los expertos creen que la descripción del solsticio de invierno en torno al año 1400 a. C. significa que el texto se escribió en la misma época. Otros expertos opinan que la narración de este periodo no significa que se escribiera entonces, ya que podría haberse registrado posteriormente. Independientemente de su antigüedad, el Vedanga Jyotisha es una importante disciplina auxiliar al estudio de los Vedas, lo que refleja la criticidad de la astrología védica en el Sanatana Dharma.

La antigua práctica del Jyotisha era un aspecto importante de los rituales védicos, especialmente para determinar el momento y la fecha auspiciosos de los eventos yóguicos para obtener beneficios óptimos para todos los interesados. En múltiples escrituras hindúes como el Chandogya Upanishad y el Atharvaveda, hay advertencias sobre eclipses demoníacos de los que debemos ser cautelosos y hacer la preparación necesaria para la protección contra su influencia negativa. El Chandogya Upanishad habla de que Rahu es una figura "sombría" responsable de los eclipses, una explicación analógica precisa de los eclipses, según la ciencia moderna.

Actualmente, la palabra sánscrita *"Graha"* significa "planeta". Pero "Graha" en realidad se traduce como "demonio". La base de la astrología védica radica en el principio central del Sanatana Dharma, que cree que existe una conexión infalible entre el macrocosmos y el microcosmos. El Jyotish es como una lente a través de la cual podemos obtener una visión sobre nuestras vidas y comprender nuestra vida extendida, que incluye el panorama general, tanto en el mundo materialista como en el metafísico. Lo que le sucede a un individuo se ve afectado por lo que ocurre en el mundo exterior, incluidos los vastos espacios astronómicos que se encuentran más allá del reino de los humanos.

Textos clásicos antiguos de astrología védica

Muchos textos clásicos de la astrología védica han estado en uso desde la antigüedad hasta la actualidad. Nombres importantes que vienen a la mente cuando se habla de textos antiguos son Parashará, Varahamihira y Jaimini. Veamos las obras más importantes escritas por estos famosos autores y otros.

Brihat Parashará Hora Shastra

Se cree que fue creado por el sabio Parashará, un rishi muy erudito del antiguo periodo védico, y se supone que la versión original de este gran texto existente tenía 100 capítulos. Sin embargo, nadie tiene el texto en su forma completa. La forma actual tiene 13 capítulos.

Casi todos los estudiosos están de acuerdo en que el Brihat Parashará Hora Shastra es el compendio más completo y exhaustivo sobre la astrología védica. Sin estudiarlo, ningún estudiante puede esperar convertirse en un erudito efectivo en la materia. Sin él, el conocimiento del estudiante será a medias, por decir lo menos.

Este libro contiene muchas características importantes de la astrología védica, incluyendo, pero no limitado a:

- Descripción de los planetas
- Signos del Zodiaco
- Casas
- Cartas divisionales

Todo tipo de cálculos matemáticos necesarios para los estudiantes de la astrología védica se describen con meticuloso detalle en todo el libro. Otra característica destacable de esta obra es la disponibilidad de medidas correctoras para los nacimientos poco propicios.

Brihat Jatak

Se cree que este antiguo texto sobre astrología védica fue compuesto y escrito por Varahamihira, un famoso poeta y erudito que formaba parte del legendario rey Vikramaditya, que gobernó alrededor del año 57 a. C. Varahamihira fue también un gran astrónomo.

Fue el primero en mencionar el ayanamsa o el desplazamiento del equinoccio de primavera exactamente en 50,32 segundos (lo que se aproxima a 1 grado) cada 72 años. Esto se menciona en el libro de Varahamihira Pancha Siddhantika, basado en el antiguo Siddhanta de la India (la rama matemática y astronómica).

La inclusión del ayanamsa para llegar a los 12 signos del Zodiaco de la astrología védica es una de las principales diferencias entre la astrología sideral (o astrología védica) y la occidental (o astrología tropical) en la que no se incluye este pequeño, pero impactante, cambio.

Uno de los mayores atractivos del Brihat Jatak para los estudiosos de la astrología védica es el contenido del capítulo 10, "Karmajeeva", que trata de los medios de vida de los individuos. Este importante capítulo trata de las diversas ganancias que las personas pueden tener en tan solo cuatro shlokas (o versos). Los novatos tienen la sensación de que cuatro shlokas son insuficientes para un repertorio exhaustivo de medios de vida. Y, sin embargo, la brevedad del capítulo dice mucho sobre la brillantez de Varahamihira, su inmenso control sobre el lenguaje y el tema de la astrología védica.

Brihat Samhita

Considerado uno de los mayores clásicos de la astrología védica, el Brihat Samhita fue escrito por Varahamihira, el mismo erudito que escribió el Brihat Jatak. Este texto se utiliza para hacer predicciones de naciones y reinos. Está escrito en dos partes: "Pratham Kanda", que contiene 57 capítulos, y "Dwitiya Kanda", que contiene 50 capítulos. Varahamihira creía en la importancia de contar con un astrólogo genuino para la vida diaria. También explica cómo identificar a un astrólogo auténtico de uno falso.

En el Brihat Samhita, hay un capítulo entero titulado "Vastu Vidya" dedicado a Vastu Shastra (que trata de los edificios y la arquitectura), un aspecto integral de la astrología védica. Muchos astrólogos modernos toman erróneamente el Vastu Shastra como algo separado de la astrología védica. Además, el Brihat Samhita describe en detalle cómo predecir el tiempo y el clima de cualquier lugar.

Ashtakavarga Nibandh

Ashta significa "ocho" en sánscrito. Por lo tanto, Ashtakavarga Nibandh significa "Ocho Vargas". En este libro, los antiguos rishis de la India explican y evalúan la fuerza de los planetas en tránsito. Los antiguos videntes indios descubrieron un sistema único a través del Ashtakavarga Nibandh, que ayuda a los estudiosos y practicantes de la astrología a comprender los efectos malignos y benéficos de los planetas sobre la humanidad. Basada en fórmulas matemáticas puras, la técnica de cálculo utilizada aquí es única y no se encuentra en ningún otro escrito.

Prithyusha, el hijo de Varahamihira, ha dicho de este libro: "Los aspectos generales de los planetas en tránsito pueden verse o entenderse en otros lugares. Sin embargo, los detalles más finos pueden ser observados solo usando el Ashtakavarga". De hecho, el Ashtakavarga Nibandh tiene una fórmula matemática que ayuda a llegar a la longevidad del nativo (o del individuo cuyo horóscopo se está analizando).

Enseña al practicante astrológico a utilizar el Ashtakavarga en diferentes situaciones y en diferentes cartas, incluyendo la carta natal, la carta horaria, la carta divisional, el Varsha Kundali (o el patrón de vida anual), y más. Los eruditos creen que no hay otro contenido que el Ashtakavarga Nibandh para llegar a una predicción precisa científica y matemáticamente.

Phaladeepika

Phaladeepika es otro importante pasaje escrito por Mantreswara, un prolífico autor que se cree que nació en una familia de brahmanes namboodari (una prominente secta hindú en el sur de la India) alrededor del siglo XIII, aunque algunos historiadores creen que vivió en el siglo XVI.

No se conocen las fechas exactas de su nacimiento y muerte. Al final de esta obra, Mantreswara escribe que residía en Shalivati, el actual distrito de Tirunelveli de Tamil Nadu, un estado del sur de la India, lo que es una de las principales razones de la gran popularidad del texto en las zonas del sur de la India.

Este libro merece ser tratado junto a otras grandes obras antiguas como Brihat Parashará Hora Shastra, Jataka Parijata, Brihat Jataka, etc. Esta exhaustiva obra abarca casi todos los aspectos de la vida humana, y su información va desde lo más básico hasta lo más avanzado.

Saravali

Escrito por Kalyan Varma, un prolífico autor sánscrito del siglo X, Saravali es tratado a la par que Brihat Parashar Hora Shastra, Brihat Jataka y Sarvarth Chintamani. Kalyan Varma fue un conocido astrólogo y el rey de Vyaghrapada, que se cree que está en el actual Madhya Pradesh, un estado de la India Central. Saravali es un comentario elaborado sobre todos los libros de astrología védica estudiados y dominados por Kalyan Varma.

Sarvartha Chintamani

Se cree que fue escrito en el siglo XIII por Venkatesha Sharma, Sarvartha Chintamani, en sánscrito, se traduce como "Gema de deseos y pensamientos superiores". Con solo 17 capítulos, es uno de los libros más populares y más citados sobre astrología védica. Los capítulos más importantes que se siguen de cerca en este libro tratan de la formación del yoga de los planetas y de los resultados de estos yogas. También describe los efectos de cada casa en la carta natal, incluyendo estos elementos:

- Descripción de los planetas
- Sus efectos
- La duración de la vida del individuo
- Prosperidad

Este texto ofrece comentarios prácticos y valiosos sobre la colocación de las 12 casas en la carta natal de un individuo. A continuación, describe las explicaciones astrológicas sobre la posición de cada casa y sus efectos en el individuo. Sarvartha Chintamani también amplía los pensamientos de Varahamihira sobre la profesión de la astrología védica.

Jataka Parijata

Esta obra bastante exhaustiva sobre la astrología védica está escrita por Sri Vaidyanatha Dikshita, el hijo de otro gran erudito, Venkatadri. Este trabajo encuentra un lugar de honor junto con los tres textos antiguos anteriores y también se prescribe como un libro de texto para todos los exámenes realizados en Jyotisha. Contiene instrucciones detalladas y secciones sobre varios aspectos esenciales, incluyendo Yogas, Ayurdaya, Ashtakavarga, Vimshottari, Kalachakra Dasha, Stri Jatak, y más. Traducido a múltiples lenguas indias, este libro monumental está originalmente en sánscrito y es tenido en alta estima por los astrólogos indios de todo el país.

Sri Vaidyanatha Dikshita vivió en el siglo XV y basó su obra, muy respetada, en varios textos antiguos, como Brihat Parashará Hora Shastra, Brihat Jataka, Saravali, Sarvatha Chintamani y otros. Hay 18 capítulos en este libro que cubren toda la gama de la Astrología Védica, de acuerdo con los principios del Sabio Parashará.

Ramas de la Astrología Védica

Tres amplias categorías incluyen:

- **Siddhanta:** La rama Siddhanta que se ocupa de la astronomía y sus aplicaciones astrológicas.
- **Samhita:** La rama que se ocupa de la astrología mundana que trata de la predicción de eventos relacionados con los países. La rama Samhita se ocupa de predecir eventos como terremotos, guerras, asuntos políticos, finanzas y economía del país, etc.
- **Hora:** La rama Hora (o Predictiva) se divide a su vez en más ramas.

La rama Hora se divide en:

- **Jataka Shastra:** También llamada Hora Shastra, que se ocupa de las predicciones basadas en los horóscopos individuales o Kundali, el término sánscrito para horóscopo.
- **Muhurat o Muhurta:** Denominada astrología electiva, esta rama del Hora Shastra se ocupa de la selección de los momentos propicios y beneficiosos para los acontecimientos importantes, con el fin de que las actividades de la vida den sus frutos.
- **Swara Shastra:** Llamada astrología fonética, esta subrama se ocupa de las predicciones basadas en nombres y sonidos.
- **Prashna Shastra:** También llamada astrología horaria, esta subrama del Hora Shastra se ocupa de las predicciones basadas en el momento en que la persona hace las consultas o preguntas.

- **AnkaJyotisha o Kabala:** Llamada numerología, esta rama se ocupa de las predicciones basadas en los números.
- **Astrología Nadi:** Esta rama trabaja con tratados y textos antiguos que tienen predicciones detalladas para los individuos.
- **Tajik Shastra:** También llamada Varsha Phala, esta rama del Hora Shastra se ocupa de la astrología basada en los retornos solares anuales.
- **Jaimini Sutras:** Es una rama no convencional del Hora Shastra que utiliza textos escritos por un antiguo astrólogo indio, Acharya Jaimini. Utilizó métodos astrológicos diferentes, pero igualmente precisos, basados en las matemáticas y la astronomía. Sus obras se clasifican en una rama aparte.
- **Nast jatak:** Esta rama se ocupa de recuperar y/o reconstruir horóscopos perdidos.
- **Streejatak:** Esta rama se ocupa exclusivamente de la astrología para mujeres nativas.

Ahora que tiene una idea básica de la historia y los contenidos históricos de la astrología védica, puede aprender lo que se ha dicho sobre los nueve planetas y sus efectos en la vida humana, tanto colectiva como individualmente.

Capítulo 2: El Reino Estelar - La historia de los nueve planetas

En la astrología védica, los nueve cuerpos celestes que son adorados como deidades y gobiernan los 12 signos del Zodiaco se llaman Navagraha, que se traduce como "nueve planetas". Los Navagraha o los nueve planetas incluyen:

- Surya, el Sol
- Chandra, la Luna
- Mangala o Guja, Marte
- Buda, Mercurio
- Brihaspati o Gurú, Júpiter
- Shukra, Venus
- Shani, Saturno
- Rahu, el cuerpo celeste en la sombra (también conocido como planeta o Graha en la astrología védica) asociado con el modo lunar norte
- Ketu, el planeta sombra asociado con el modo lunar sur

Veamos cada uno de estos nueve planetas en detalle, lo cual es una lección esencial para entender la astrología védica.

Surya, el Sol

El Sol, o Surya en sánscrito, es la estrella situada en el centro de nuestro sistema solar y el mayor cuerpo celeste del mismo. Con un diámetro de alrededor de 1,4 millones de kilómetros, está formado principalmente por hidrógeno y helio. Más del 99% de la masa total de nuestra estructura solar la tiene el Sol. La distancia media entre el Sol y nuestro planeta es de unos 140 millones de kilómetros. Al estar inmóvil y en el centro de nuestro sistema solar, nunca parece retrógrado.

El Sol es el rey en la astrología védica y es considerado un planeta real. Surya representa muchas cosas, incluyendo

- Nuestra alma
- La fuerza de voluntad
- Las relaciones paternas, especialmente el padre, llamado Pitrukaraka (planeta relacionado con un padre)
- El rey y otros altos funcionarios

El color de Surya es el rojo, que refleja su naturaleza ardiente e iracunda. El metal es el oro (como sus rayos dorados), y su gema es el rubí. Representa la dirección oriental. El Sol permanece en cada signo del Zodiaco o Rashi durante un mes y tarda 12 meses o un año en completar el círculo completo del Zodiaco.

El movimiento del Sol es más o menos fijo. Se celebran múltiples festivales hindúes según la entrada del Sol en los distintos Rashis. Por ejemplo, entra en Capricornio o Makar Rashi el 14 de enero, y este día se celebra cada año como Makar Sankranti. Del mismo modo, el 13 o 14 de abril, el Sol entra en Mesha Rashi o Aries, y ese día se celebra como Baishakhi o Año Nuevo.

Surya en la mitología hindú en la tradición hindú: La historia de Surya, según la mitología hindú, es muy interesante. Su mundo se conoce como Suryaloka y está junto a la tierra o bhumandala. Surya estaba casado con Sanjana, la hija del arquitecto celestial,

Vishvakarma. Surya y Sanjana tuvieron tres hijos: Vaivasvata, Yama y Yami. Yama es el dios de la muerte. Hubo discordia marital entre la pareja porque Sanjana no podía afrontar el intenso calor de su marido.

Un día, Sanjana se fue a la morada de su padre, dejando atrás a Chaaya (sombra), su doble corporal. Después de pasar un tiempo en la casa de su padre, Sanjana también se fue de allí. Tomó la forma de una yegua y se fue a las montañas a meditar y rezar. Surya no estaba al tanto de estos arreglos hechos por su esposa. Continuó viviendo con Chaaya, y ella dio a luz a tres hijos más: Savarni, Shani y Tapati.

Un día, Surya se enteró de todo. Fue en busca de Sanjana y la encontró en plena oración en forma de yegua. Surya adoptó la forma de un caballo y cortejó a su esposa, lo que dio lugar al nacimiento del gemelo con cabeza de caballo llamado Ashvini Kumaras, que se convirtió en los médicos celestiales.

Cuando Sanjana le dijo a su marido que no podía soportar la intensidad de su calor, este dividió todo su poder en dieciséis partes, que se convirtieron en cuerpos celestes, incluida la tierra. El sol quedó con una decimosexta parte de la intensidad que tenía originalmente, tras lo cual Sanjana volvió a vivir con él.

El nombre del cuadriguero de Surya es Arun, y era tirado por siete caballos cuyos colores eran los mismos que los del arco iris. Se cree que una dinastía hindú muy poderosa, conocida como Suriavanshi, desciende del dios del Sol. El primer rey de la dinastía Suriavanshi fue Iksuaku. El Señor Rama, que se cree que es un avatar del Señor Vishnu, nació en este linaje divino. Surya, el dios del Sol es conocido por otros muchos nombres, entre ellos:

- Ravi, que se traduce como "alabado y adorado por todos"
- Aditiá, hijo de Áditi
- Surya, la luz o guía suprema
- Bhanu, un rayo de luz o el que brilla
- Arka, el radiante

- Bhaskar, el iluminador
- Mitra, el amigo de todos
- Márichi, luz de las estrellas o rayos de luz
- Sahasranshu, el de los mil rayos
- Savita, el que purifica
- Pushan, el que nutre
- Khag, el que estimula los sentidos
- Prabhakar, el cráter de la luz brillante
- Martanda, el que surgió de un huevo sin vida
- Chitrabhanu, el señor de las llamas
- Divakar, el creador del Día
- Hiranyagarbhaya, el del vientre de oro

Datos astrológicos importantes sobre el sol - El temperamento de Surya es estable y fijo. Su cualidad principal es Sattva Guna. Pertenece a la casta Kshatriya o guerrera. La naturaleza de Surya es maléfica y cruel. Su fuerza se muestra cuando está en la décima casa de la carta astral de un nativo, y su posición débil es cuando está en la cuarta casa.

Su casa astrológica natural es la quinta. Rige a Leo. Su signo de exaltación es Aries (o Mesha Rashi), y el signo de debilitamiento es Libra (o Tula Rashi). Los amigos de Surya son Chandra, Gurú y Mangala. Sus enemigos son Shukra y Shani. El Sol es neutral con Buda. Los Nakshatras que gobierna son Krittika, Uttara Phalguni y Uttarashada.

Las palabras clave positivas para Surya son vitalidad, creatividad, confianza, liderazgo y generosidad. Las palabras clave negativas para el Sol son crueldad, arrogancia, pomposidad, engreimiento y agresión. Surya es el controlador del prana o fuerza vital e imparte propiedades vitales a todos nuestros órganos. La posición del planeta en la carta natal juega un papel importante en la salud del nativo. Los problemas del corazón se deben principalmente a la aflicción de Surya o de Leo, el signo zodiacal que rige.

Chandra, la Luna

La Luna es el único planeta natural de la Tierra y el único cuerpo celeste visitado por el ser humano. Con un diámetro de 3.475 kilómetros y una distancia media de unos 380.000 kilómetros de la Tierra, la Luna tarda el mismo tiempo (27,3 días) en dar una vuelta alrededor de la Tierra y una rotación sobre su eje. Esta es la razón por la que siempre vemos una sola cara de la Luna.

La Luna es también un planeta real y es considerada la Reina en la jerarquía de la astrología védica. Chandra representa las emociones, la mente, la madre, la sensibilidad, la casa y los elementos relacionados con el hogar, incluyendo la comida y la ropa, las comodidades domésticas, el mar y todos los elementos relacionados con el mar, la leche y el color asociado a la Luna, el blanco. Es fría, tranquila y representa la dirección noreste. Su metal es la plata y su gema la perla.

Chandra es el más rápido de los Navagrahas y tarda unos 2 ½ días en cada Rashi. Cuando Surya y Chandra están en el mismo Rashi o signo del Zodiaco, es Amavasya o el Día de la Luna Nueva, que es también el primer día de la quincena oscura. Cuando el Sol y la Luna están opuestos el uno al otro, también conocidos como 180 grados de diferencia, entonces es el Día de la Luna Llena o Purnima, el primer día de la quincena brillante.

Chandra en la mitología hindú: Otra historia interesante es la de la Luna o Chandra. Anasuya era la esposa del sabio Atri, un gran rishi de la antigüedad. Anasuya era conocida por su castidad. Un día, los tres dioses hindúes más importantes, Vishnu, Shiva y Brahma, pusieron a prueba su abstinencia. La visitaron disfrazados y le exigieron que les diera su leche materna.

Anasuya se dio cuenta del truco y convirtió a los tres dioses en bebés gracias a sus poderes divinos. Ahora no era un problema alimentar a los tres bebés con la leche de su pecho. Los dioses estaban Satisfechos con su comportamiento y actitud y la bendijeron para que tuviera grandes hijos. A través de la gracia de Vishnu, Anasuya dio a luz al Señor Dattatreya. Las bendiciones de Shiva resultaron en el nacimiento del sabio Durvasa. Las bendiciones del Señor Brahma resultaron en el nacimiento del Dios de la Luna, Chandra.

Chandra fue adorado por todos los seres. Se casó con las 27 hijas de Prajapati Daksha, y estas 27 hijas se convirtieron en las 27 constelaciones o Nakshatras del Zodiaco. Curiosamente, prefirió quedarse con una sola de sus 27 esposas e ignoró a las otras 26 a pesar de que estas le suplicaban que pasara tiempo con todas ellas por igual.

Las 26 hijas se quejaron a su padre, Prajapati Daksha, que advirtió a su yerno de las graves consecuencias de no ser justo con todas sus esposas. Chandra no hizo caso a los consejos de su suegro, que lo maldijo para que cayera enfermo. Cada día, su brillo se desvanecía y no parecía haber remedio para su enfermedad. Los dioses se alarmaron por los efectos de la vida en la tierra si Chandra moría.

Entonces, se acercaron a Daksha y le pidieron que ajustara la maldición para que la vida en la tierra no se viera afectada. Daksha accedió a cambiar la maldición solo después de que Chandra prometiera pasar un día con cada una de sus 27 esposas. Con la maldición modificada, Chandra menguaría durante 14 días y recuperaría el brillo durante los siguientes 14 días, que es la historia del ciclo creciente y menguante de la luna.

Al igual que los Suriavanshi, los Chandravanshi fueron otra poderosa dinastía que gobernó la India. Los Chandravanshi creían que eran descendientes directos del dios de la Luna. El primer rey de la dinastía Chandravanshi fue Bharat, el legendario gobernante del que la India recibe su nombre sánscrito.

Datos astrológicos importantes sobre la Luna: El signo en el que se sitúa la Luna durante su nacimiento se llama Janma Rashi. Y la constelación estelar es su Nakshatra. La Luna representa la mente y la emoción y significa la relación con la madre. La naturaleza astrológica de Chandra es la inconstancia y el cambio. El elemento regido por la Luna es el agua. La guna primaria de Chandra es Sattva.

Astrológicamente, cuando la Luna es creciente, su naturaleza es benéfica. Durante el período menguante, tiene un efecto maléfico. La fuerza de la Luna se siente cuando está en la cuarta casa, y su poder es débil cuando está en la décima casa. La Luna rige el signo zodiacal de Cáncer. Surya y Shukra son sus amigos, y no tiene enemigos. Los elementos positivos relacionados con Chandra son la receptividad, la simpatía, la buena memoria y la protección. Los elementos negativos relacionados con Chandra son la susceptibilidad, la inestabilidad emocional, la preocupación, el mal humor y el amor asfixiante.

Mangala, Guja, o Marte

Mangala Gruha, Marte es el primer planeta más cercano al límite de la Tierra en el espacio. Con un diámetro de unos 6.700 kilómetros, este cuarto planeta de nuestro Sistema Solar tarda 687 días en dar una vuelta alrededor del Signo; el periodo de rotación sobre su eje es de algo más de 24 horas. Tiene dos satélites naturales, Fobos y Deimos. El periodo retrógrado de Mangala Gruha oscila entre 60 y 80 días y se produce una vez cada 26 meses.

Mangala o Guja en la mitología hindú - Una vez, Prajapati Daksha organizó una gran yajña. Todos los dioses y diosas de los tres mundos fueron invitados a esta fabulosa yajña. Por despecho, Daksha dejó deliberadamente fuera de la lista de invitados al Señor Shiva, que también era su yerno.

Satí, la esposa del Señor Shiva, y la hija de Daksha estaban entusiasmadas con la yajña incluso sin una invitación. El Señor Shiva no estuvo de acuerdo y le advirtió que no fuera a la casa de su padre. Pero Satí ignoró las advertencias de su marido y fue a la morada de su padre.

Al llegar al lugar donde se celebraba la yajña, Satí fue insultada por su insolente y arrogante padre, que también hizo comentarios desagradables sobre el Señor Shiva. Satí estaba tan furiosa con Daksha que maldijo la yajña y a todos los demás invitados que no encontraron el valor para protestar contra las injustas opiniones del poderoso Daksha. Finalmente, Satí fue consumida por el fuego de su ira.

Shiva estaba lívido cuando se enteró de la muerte de su esposa. Se arrancó un mechón de pelo de la cabeza con rabia y, utilizando sus poderes divinos, moldeó un monstruo feroz de mil extremidades llamado Virabhadra. Shiva ordenó a su hijo, Virabhadra, que destruyera a Daksha junto con su partidario. Virabhadra completó esta misión con un éxito rotundo, lo que complació a su señor y padre.

Virabhadra y el otro hijo de Shiva, el Señor Karthikeya, se convirtieron en hermanos. Esta es la razón por la que los nativos afligidos con los efectos negativos de Mangala Gruha rezan al Señor Karthikeya para su liberación.

Hechos astrológicos importantes sobre Marte: Marte representa la fuerza y el poder y significa hermanos. Su posición jerárquica en la astrología védica es la del comandante del ejército. Temperamentalmente, Mangala Gruha es temerario, colérico y violento. Gobierna el elemento fuego y la cualidad principal es Tamas.

La naturaleza de este Kshatriya es maléfica. Su fuerza se siente más cuando está en la décima casa, y su poder es más débil cuando está en la cuarta casa. Marte rige sobre Aries (Mesha Rashi) y Escorpio (Vrischika Rashi). Sus amigos son Surya, Chandra y Gurú. Solo Shukra es su enemigo. Los Nakshatras que rige Guja son Dhanishta, Mrigashirsha y Chitra.

Guja a veces se deletrea también como Kuja. Marte es el comandante en la Astrología Védica. Representa el valor, la energía, los hermanos menores, especialmente los hermanos varones (y de ahí que se le conozca como Bhatrukaraka o protector de los hermanos), la policía y las fuerzas armadas, los administradores, los comandantes, la ingeniería, la tierra, los bienes raíces y otros tipos de actividades masculinas. El metal de Marte es el cobre, la gema es el coral y su color es el rojo. Representa la dirección sur. Marte tarda unos 45 días en recorrer un signo del Zodíaco.

Las emociones positivas y las actitudes de comportamiento relacionadas con Marte son la energía, el valor, la actividad, la originalidad y la iniciativa. Las actitudes negativas relacionadas con Marte son la agresividad, la arrogancia, el egoísmo, la testarudez y la impulsividad.

Buda o Mercurio

Al estar más cerca del Sol, Mercurio es un planeta con un diámetro de unos 4.800 kilómetros. Este planeta tarda 88 días en completar una revolución alrededor del Sol y unos 59 días para una rotación alrededor de su eje. No tiene ningún satélite natural propio. Su período retrógrado es de unos 20 a 24 días, y tiene lugar una vez cada cuatro meses aproximadamente.

Buda en la mitología hindú - Según la mitología hindú, Buda es Chandra, el hijo del dios de la Luna. Chandra se convirtió en un poderoso ser divino y conquistó los tres mundos, lo que le llevó a ser muy arrogante. Chandra fue uno de los principales discípulos de

Gurú, o Júpiter, el gurú de los Devas. También era el favorito de la esposa de Júpiter, Tara.

Un día, cuando Júpiter estaba ausente, Tara y Chandra se fugaron. Al volver a casa, cuando Júpiter descubrió que su novia había desaparecido, se dio cuenta de lo que había pasado. Envió múltiples mensajes a Chandra para que le devolviera a su esposa de forma honorable. Chandra no prestó atención a estas peticiones, diciendo que Tara había venido por su propia voluntad y que solo le dejaría cuando estuviera saciada. Júpiter se dirigió entonces a otro de sus discípulos, Indra (el rey de los dioses), en busca de ayuda. Indra envió un ultimátum a Chandra para que devolviera a la esposa de su gurú.

Cuando Chandra se negó a cumplir también su ultimátum, Indra emprendió una guerra contra el dios de la Luna. Venus (el enemigo de Júpiter), junto con los Asuras, se puso del lado de Chandra mientras que el Señor Shiva y muchos Devas lucharon junto a Indra en esta guerra. La guerra se prolongó tanto que los sabios temieron que el fin del mundo estuviera cerca. El Señor Brahma ordenó entonces a Chandra que devolviera a Tara a Júpiter. Esta vez Chandra accedió, pero no antes de dejarla embarazada de su hijo.

Júpiter obligó a Tara a abortar el hijo de Chandra. Pero el bebé, que era radiante y dorado, sobrevivió. Al ver la belleza del bebé, tanto la Luna como Júpiter reclamaron la paternidad. Ambos exigieron que Tara declarara el verdadero nombre del padre del bebé. El Señor Brahma tuvo que interferir de nuevo y le pidió a Tara el nombre del padre del bebé en privado. En ese momento, Tara dijo que Chandra era el padre del niño, que no era otro que Mercurio o Buda.

Datos astrológicos importantes sobre Mercurio: Conocido como el príncipe en la Astrología Védica, Mercurio es un planeta masculino. Representa la inteligencia, la palabra, los tíos maternos, la profesión médica, el comercio, los ordenadores e Internet, los viajes cortos, la astrología, el conocimiento de los shastras, el periodismo, las matemáticas y la imprenta y la edición. La gema de Mercurio es la esmeralda, y su metal es el bronce. Su color es el verde y representa la dirección norte. Mercurio tarda aproximadamente un mes en recorrer un signo del Zodiaco.

Mercurio es considerado el dios de la palabra, y la relación significa tíos maternos. En la jerarquía astrológica, Mercurio es el príncipe heredero, mientras que su temperamento es versátil y volátil. Gobierna el elemento tierra y rige dos signos del Zodiaco, a saber, Géminis (Mithunah) y Virgo (Kanya Rashi).

Su naturaleza es beneficiosa cuando se combina con otros planetas favorables. La fuerza de Mercurio es cuando está en la primera casa, y su posición débil es la séptima casa. Sus amigos son Surya y Shukra, y sus enemigos son Chandra y Mangala. Los Nakshatras que Mercurio rige son Ashlesha, Jyeshtha y Revati.

Las emociones positivas conectadas con Mercurio incluyen la alerta, la brillantez, la versatilidad, la articulación y la destreza. Los elementos negativos relacionados con Mercurio son la curiosidad, el escepticismo, la inquietud, la indecisión y el espíritu crítico.

Shukra o Venus

Venus es el segundo planeta más alejado (después de Mercurio) del sol y es el cuerpo celeste más brillante después del sol y la luna. Con un diámetro de unos 12.000 kilómetros, Venus o Shukra es el planeta más cercano a la Tierra. Venus tarda unos 225 días en completar una revolución alrededor del sol y unos 243 días en girar alrededor de su eje. Venus no tiene ningún satélite natural. Su período retrógrado es de unos 40 a 43 días, y ocurre una vez cada 19 meses.

Shukra en la mitología hindú - Shukra era el gurú de los Daityas o Asuras. Conocía el uso secreto del Sanjivani Vidya con el que era posible revivir a los muertos. Utilizó este poderoso conocimiento para revivir a los asuras muertos. Además, Shukra era inmensamente culto y un astuto brahmán. Era guapo, inteligente y sensual. Su padre era Rishi Bhrigu, y su madre era Puloma.

Un día, Venus estaba disfrutando de la belleza de la naturaleza mientras su padre, Rishi Bhrigu, estaba profundamente en la meditación cerca. Venus se enamoró perdidamente de Apsara Viswachi, que había acudido a ese lugar. La siguió al cielo y creó una pequeña cabaña para ella, viviendo felizmente con Viswachi durante muchos años hasta que los efectos de su buen karma terminaron.

Cuando su buen karma terminó, el alma de Shukra cayó a la luna y luego a la tierra, donde nació como hijo de un virtuoso brahmán. Llevó una vida austera en el monte Meru durante mucho tiempo, hasta que se encontró de nuevo con Viswachi, que estaba maldita a nacer como una hembra de ciervo. Shukra se enamoró de la cierva, y de su unión nació un niño humano.

Entonces, la vida del brahmán que tenía el alma de Shukra terminó. Tras su muerte, Shukra renació como príncipe de Madra, que gobernó durante muchos años. Así, el alma de Shukra renació varias veces en la tierra hasta que su último nacimiento fue el de un hijo de un sabio vidente que vivía a orillas de un río.

Mientras tanto, Rishi Bhrigu abrió los ojos después de que pasaran miles de años humanos y vio el cuerpo desgastado de su hijo muerto, Shukra. Enfadado, estaba a punto de maldecir a Yama, el Señor de la Muerte, que apareció ante él y le recordó que el karma de Shukra dio lugar a sus múltiples nacimientos y muertes. Y que, justo en ese momento, estaba meditando en la tierra a orillas de un río.

El Señor de la Muerte revivió el cuerpo de Shukra, quien se dio cuenta de la verdad que había detrás de sus numerosos nacimientos y muertes que debía emprender para limpiarse de todos los efectos kármicos. Entonces, Venus meditó en el Señor Shiva para lograr la salvación espiritual. Tras miles de años de meditación, el Señor Shiva se le apareció a Shukra, le enseñó el Sanjivani Vidya y le concedió la bendición de ser el planeta más auspicioso entre los nueve planetas.

Incluso hoy en día, los matrimonios se celebran solo cuando Venus se eleva en el cielo. Después, Shukra tuvo muchas esposas y fue bendecido con varios hijos también.

Hechos astrológicos importantes sobre Venus: Venus es el gurú de los demonios o asuras y es conocido como Daitya gurú. Representa la vida sexual y los órganos sexuales, los riñones, el cónyuge (y por eso se le llama *Kalatrakaraka*), la danza, la música y las artes, las gemas y las joyas, los bares, los vinos, las salas de juego, la moda y los cosméticos y los productos de belleza. El metal de Venus es la plata, su color es el blanco, su gema es el diamante y representa la dirección sureste. El planeta Venus tarda aproximadamente un mes en recorrer un Rashi, y al igual que el Sol, tarda un año en completar una vuelta al Zodiaco.

El significado de Venus está relacionado con el deseo y la potencia. Representa la relación conyugal. En la jerarquía astrológica, Venus o Shukra es el Consejero Real o ministro. Su naturaleza es complaciente, fácil de llevar y beneficiosa para todos. Venus está relacionado con el elemento agua, y esta Guna primaria es Rajas, que representa la pasión y la imperiosidad.

La fuerza de Venus es máxima cuando está en la cuarta casa, y es la más débil en la décima. Los signos del Zodiaco que rige son Tauro (Vrishabha Rashi) y Libra (Tula Rashi). Sus amigos son Mercurio (Buda) y Shani (Saturno). Sus enemigos son Surya y Chandra. Es neutral con Júpiter (Gurú) y Marte (Mangala). Venus es el planeta gobernante de Bharani, Purva Phalguni y Purvashada Nakshatras.

Venus se relaciona con la armonía, el refinamiento, la devoción, la capacidad de respuesta y el afecto. Las emociones negativas relacionadas con Venus son la indiferencia, la pereza, la superficialidad, la coquetería y la autocomplacencia.

Gurú, Brihaspathi o Júpiter

Júpiter es el mayor planeta de nuestro Sistema Solar, con un diámetro de 142 800 kilómetros. Tarda 11,86 años en completar una revolución alrededor del Sol y algo menos de 10 horas en completar una rotación sobre su eje. Júpiter tiene 63 satélites naturales. Retrocede durante unos 110 días aproximadamente una vez al año.

Gurú en la mitología hindú - Gurú o Brihaspati era uno de los ocho hijos de Rishi Ánguiras. Su madre y esposa de Rishi Ánguiras era Shraddha. Después de recibir los conocimientos básicos de su padre, dejó su casa en busca de la inteligencia espiritual. Meditó durante miles de años para ganar conocimiento y sabiduría. Sus incesantes penitencias le valieron una posición de gurú de los dioses. Su principal objetivo era proteger y promover los intereses de los devas (o dioses) y frustrar los designios e intenciones de los demonios (o asuras).

Una vez Shukra, el gurú de los Asuras, fue al Himalaya para meditar y buscar el poder para conquistar y destruir a los devas de manos del Señor Shiva. Indra, el rey de los devas, envió a su hija, Jayanthi, para que engañara a Shukra con sus encantos amorosos y aprendiera lo que el Señor Shiva le enseñara. Ella se quedó con Shukra durante muchos años hasta que el Señor Shiva apareció y les enseñó todo lo que querían aprender.

Cuando llegó el momento de regresar a la morada de los devas, Jayanthi cambió de opinión. Reveló su verdadera identidad a Shukra y le pidió que la aceptara como su esposa. Él accedió a su petición, pero dijo que solo estaría con ella durante 10 años, y que durante este periodo vivirían solos.

Júpiter aprovechó este periodo de 10 años para disfrazarse de Shukra y así poder convivir con los Asuras y eliminar el odio y el faccionalismo entre ellos. El Gurú disfrazado de Shukra se hizo querer por los Asuras. Cuando el verdadero Shukra regresó, los Asuras estaban confundidos por dos gurús de aspecto idéntico.

Declararon que Júpiter (disfrazado de Shukra) era su verdadero gurú. El verdadero Shukra se enfadó y les maldijo que pronto serían destruidos.

Poco después, Júpiter se transformó en su verdadera forma y abandonó la morada de los Asuras para dirigirse a los cielos. Los demonios se dieron cuenta de su error y corrieron hacia su verdadero gurú y le pidieron perdón. Él cedió y volvió a ser su gurú. Pero su maldición no pudo ser retirada, y los Asuras se volvieron muy débiles para amenazar a los devas. De este modo, Júpiter sirvió a sus ardientes seguidores, los devas.

Datos astrológicos importantes sobre Júpiter: Brihaspathi o Gurú es conocido como el Devagurú o el gurú de los dioses. Él representa la espiritualidad, la sabiduría, los templos, los sacerdotes, la investigación y la ciencia, los maestros, los abogados y los jueces, y el conocimiento de la astrología y otros Shastras en el Sanatana Dharma. El metal de Júpiter es el oro, la gema es el zafiro amarillo y la dirección que representa es el noreste. El Gurú tarda un año en recorrer un signo del Zodiaco. Conocido como Putrakaraka, es el protector de los niños y la descendencia y está relacionado con ellos.

Júpiter está relacionado con la fortuna y el conocimiento. Representa la relación con los hijos y, al igual que Shukra, ocupa una posición ministerial o de asesoramiento en la jerarquía astrológica védica. La naturaleza de Júpiter es benigna, gentil y suave. Gobierna el elemento éter. Su Guna principal es Sattva, que representa la paz y la serenidad. Su poder es máximo cuando está en la primera casa y el más débil cuando está en la séptima.

Júpiter rige a Dhanush y Meena Rashis. Sus amigos son Surya, Chandra y Mangala, mientras que sus enemigos son Buda y Shukra. Tiene una relación neutral con Shani. Los tres Nakshatras que rige Júpiter son Punarvasu, Vishakha y Purva Bhadra.

Las emociones positivas relacionadas con Júpiter son la expansión, la comprensión, la oportunidad, el entusiasmo y el optimismo. Las emociones negativas relacionadas con Júpiter son la extravagancia, la indulgencia, la intolerancia, la petulancia y el fanatismo.

Shani, o Saturno

Con un diámetro de 120 660 kilómetros, Saturno es el segundo planeta más grande de nuestro Sistema Solar después de Júpiter. El aspecto más famoso de Júpiter es el complejo sistema de anillos que lo rodea. Saturno tarda 29,5 años en completar una revolución alrededor del Sol y algo menos de 11 horas en completar una rotación sobre su eje. Saturno tiene 62 satélites naturales, de los cuales Titán es el mayor satélite de nuestro Sistema Solar. Shani entra en retroceso una vez al año durante unos 135 días.

Shani en la mitología hindú: Shani es representado como un ser muy alto (con extremidades largas), con piel negra, ojos marrones rojizos y un aspecto demacrado. Es cruel en posiciones de autoridad, y su mirada puede aterrorizar a cualquiera. Shani es el hijo de Surya y su segunda esposa, Chaaya. Su hermano es el Señor Yama, el dios de la muerte y la justicia.

Nada más nacer, Shani miró a su padre, Surya, que inmediatamente se vio afectado por el vitíligo. A continuación, Shani miró a Arun, el cuadriguero de Surya, que se cayó y se rompió los muslos. A continuación, miró a los siete caballos del carro de Surya, cuyos ojos se convirtieron en piedra y quedaron ciegos.

El dios del Sol probó varios remedios para curarlos. Sin embargo, nada funcionó. Solo cuando Saturno apartó su mirada, la piel de Surya se aclaró, los muslos de Arun se curaron y los siete caballos recuperaron la vista. Shani realizó muchos años de penitencia en la ciudad sagrada de Benarés, donde el Señor Shiva se le apareció y le dio la posición de planeta en el Zodiaco.

Shani es el dios de la longevidad, la justicia, la muerte y el tiempo. Incluso el rey de los dioses, Indra, entra en pánico cuando Shani está cerca porque miles de Indras han sido consumidos por el poder del tiempo.

Datos astrológicos importantes sobre Shani: Shani es un sirviente en la jerarquía de la astrología védica. Representa el dolor, el trabajo duro, los ancianos, los sirvientes y otros trabajadores de nivel inferior como los de la industria del hierro y el acero, el trabajo de drenaje y la municipalidad. Saturno colocado en la posición correcta en la carta Rashi puede otorgar prestigio y poder al nativo. Pero Saturno en el lugar equivocado puede causar estragos y devastación en la vida del nativo.

El color de Saturno es el azul, su metal es el hierro, la gema es el zafiro azul y representa la dirección oeste. Es el planeta que se mueve más lentamente, tardando unos 2 y ½ años en cada Zodiaco. Por lo tanto, tarda 30 años en completar una ronda del Zodiaco. Se le llama Udyoga karaka porque está relacionado con las profesiones.

Está relacionado con el dolor y el infortunio. Representa a los subordinados o a los trabajadores del orden inferior. El temperamento de Saturno es cruel, duro e insensible. Su naturaleza es maléfica. Está relacionado con el elemento Aire, y su Guna principal es Tamas, que representa la torpeza y la ignorancia.

Su fuerza es máxima cuando Shani está en la séptima casa, y es más débil cuando está en la primera casa. Rige sobre Makar y Kumbh Rashis. Sus amigos son Shukra y Buda, sus enemigos son Surya, Chandra y Mangala, y tiene una relación neutral con Gurú. Los tres Nakshatras que domina son Pushya, Anuradha y Uttara Bhadra.

Las palabras clave positivas relacionadas con Shani son experiencia, humildad, paciencia, compasión y sabiduría. Las emociones negativas relacionadas con Saturno son la pena, los desafíos, el retraso, la limitación y la decepción.

Rahu, o la Cabeza del Dragón, o el Nodo Norte Lunar y Ketu, o la Cola del Dragón, o el Nodo Sur Lunar

De acuerdo con la astrología védica, Rahu y Ketu representan los dos puntos de intersección entre las trayectorias del Sol y la Luna cuando se mueven en el Zodiaco. Se denominan *nodos lunares sur y norte*. Los eclipses se producen cuando el Sol y la Luna se encuentran en uno de estos dos lugares, lo que dio lugar al mito de que el Sol es tragado.

Rahu y Ketu en la mitología hindú: El padre de Rahu era Viprachitti, y su madre era Simhika. Simhika era la hermana de Prahlad, el ardiente devoto asura del Señor Vishnu. Ketu es el cuerpo desmembrado mientras que Rahu es la cabeza. Su historia es parte de la historia de Amrit Manthan o la agitación del océano.

Los devas estaban perdiendo su poder, gracias a la maldición del sabio Durvasa. El rey de los devas, Indra, perdió su reino ante los Asuras. Acudieron al Señor Brahma en busca de ayuda, quien les indicó que acudieran al Señor Vishnu. Vishnu le dijo a Indra que se acercara a los Asuras y les pidiera ayuda para remover el océano, de modo que ambos pudieran obtener *amrita*, el néctar de la inmortalidad. Indra sugirió a los Asuras que ambos podrían compartir el néctar y convertirse en inmortales. Los Asuras accedieron a ayudar en la agitación del océano.

El monte Mandara se utilizó como vara, y la serpiente Vasuki se utilizó como cuerda de batido. El Señor Vishnu tomó la forma de una gigantesca tortuga para sostener el Monte Mandara y evitar que se deslizara en el océano. Cuando comenzó la agitación, los Asuras por un lado y los devas por otro, muchas cosas emergieron del océano.

El veneno, halahala, fue lo primero que surgió. Amenazó con destruir tanto a los devas como a los asuras. Pero el Señor Shiva vino a su rescate. Se tragó el veneno y lo mantuvo en su garganta durante toda la eternidad. Otros elementos importantes que surgieron del batido fueron el caballo celestial, Ucchaishravas, Kamadhenu, la vaca que cumple los deseos, Airavata, el elefante blanco celestial, Lakshmi, la diosa de la riqueza y la prosperidad, las Apsaras, las hermosas bailarinas, la gema Kausthubha, y mucho más. Finalmente, el dios de la medicina, Dhanvantri, surgió sosteniendo una vasija llena de amrita. Los asuras lo arrebataron y se negaron a compartirlo con los devas.

En ese momento, el Señor Vishnu era Mohini, una hechicera irresistible que los asuras deseaban. Le entregaron la vasija de néctar a Mohini y acordaron permitirle distribuir el amrita según sus deseos. Pidió a los devas y a los asuras que se sentaran en fila y distribuyó el néctar, empezando por los devas.

Rahu se dio cuenta de que algo iba mal. Se disfrazó de devas y se sentó entre Surya y Chandra, que lo reconocieron inmediatamente. Vishnu, en la forma de Mohini, lanzó su disco y cortó la cabeza de Rahu. Pero Rahu consiguió beber una pequeña gota del néctar, haciéndose inmortal justo a tiempo.

Por lo tanto, aunque su cabeza y su cuerpo estaban separados, ambas partes permanecieron inmortales. La cabeza se llamó Rahu, y el cuerpo sin cabeza recibió el nombre de Ketu. Estos dos persiguen continuamente a los dioses del Sol y de la Luna porque fueron ellos los que avisaron a Mohini de su presencia. Cuando lo atrapan, se tragan el Sol y la Luna, provocando eclipses solares y lunares. Pero, como Rahu y Ketu no pueden retenerlo por mucho tiempo, el sol y la luna salen intactos porque también han tenido su parte del néctar de la inmortalidad.

Datos astrológicos importantes sobre Rahu: Este planeta en la sombra representa los países extranjeros, los extranjeros, los viajes internacionales, el humo, las industrias y el comercio de la ingeniería y la técnica, la bebida, el juego, los abuelos. También representa el inframundo y la vida oscura y sombría de una sociedad. El color de Rahu es el negro, representa un metal mixto y su gema es el Gomedh o granate de hessonita. Rahu tarda aproximadamente 1 y ½ años en recorrer un signo del Zodiaco, y, por lo tanto, tarda 18 años en completar una vuelta al Zodiaco.

Rahu representa a los abuelos maternos y es conocido por sus conocimientos espirituales. Representa el elemento aire. Rahu es el señor de los nakshatras Ardra, Swati y Shatabhisha. Las palabras clave positivas de Rahu son la independencia, la originalidad, la inspiración, la perspicacia y la imaginación, y las negativas son el engaño, la confusión, la adicción, la ilusión y la neurosis.

Datos astrológicos importantes sobre Ketu: Representa a los abuelos, las inclinaciones espirituales, los oficios técnicos y electrónicos, las supersticiones, Ketu, al igual que Rahu, tarda aproximadamente 1 y ½ años en completar un Zodiaco. Ketu representa a los abuelos paternos y representa la moksha o liberación final. Los temperamentos de Rahu y Ketu son imprevisibles y erráticos. Ketu representa el elemento fuego. La cualidad principal de Rahu y Ketu es Tamas. La naturaleza de ambos planetas es maléfica.

Ketu rige sobre Ashwini, Magha y Moola Nakshatra. Los amigos de Rahu y Ketu son Shukra, Mangala y Shani, sus enemigos son Surya y Chandra, y tienen una relación neutral con Gurú y Buda. Las palabras clave positivas de Ketu son la abnegación, el idealismo, la espiritualidad, la compasión y la intuición, y las negativas son la excentricidad, el fanatismo, la amoralidad, la violencia y la impulsividad.

Cada uno de los nueve planetas tiene diferentes efectos, buenos y malos, en la vida del nativo dependiendo de sus colocaciones en los distintos Rashis. Curiosamente, los efectos en la vida de una persona pueden ser diagramáticamente opuestos a los de otro individuo. Siete de los nueve planetas (Rahu y Ketu no están incluidos) también rigen los siete días de la semana:

- Surya rige el domingo.
- Chandra gobierna el lunes.
- Mangala gobierna el martes.
- Buda rige el miércoles.
- Gurú rige el jueves.

- Shukra rige el viernes.
- Shani rige el sábado.

Ahora que tiene una buena idea sobre los nueve planetas y su significado, es el momento de ver cómo influyen en nuestra vida diaria.

Capítulo 3: Influencias planetarias en la vida cotidiana

Entender las influencias planetarias en nuestra vida diaria requiere que conozcamos más sobre las relaciones que comparten los nueve planetas, sus posiciones en el Zodiaco y los aspectos directos y especiales de cada planeta. Conozcamos más sobre estos y otros elementos en la astrología védica.

Relación Quíntuple

Llamada *Panchada Maitri* en sánscrito, las relaciones planetarias son complejas. Es importante saber que el poder de un planeta depende de su propia posición y de la posición relativa con otros planetas. Los planetas son poderosos si se encuentran en alguna de estas posiciones

- En la casa del signo o signos de su exaltación.
- En su propia casa.
- En la casa de sus amigos.

Los planetas son débiles cuando, en una de estas posiciones:

- En la casa de sus enemigos.
- En la casa del signo o signos de su debilitamiento.

La fuerza de los planetas es neutra en la casa de los signos neutros.

Cuando dos planetas tienen una influencia relacional entre sí, los efectos sobre los nativos afectados dependen de la calidad de estas relaciones interplanetarias. Los planetas tienen diferentes relaciones y amigos, incluyendo un gran (o rápido) amigo (ati mitra), un buen amigo (mitra), neutral (sama), enemigos acérrimos (ati shatru), y enemigos u hostil (shatru). Este concepto se llama *Panchada Maitri*, que es de cuatro tipos de relaciones, incluyendo:

Parivartana o relación de intercambio: Este intercambio bidireccional es el más poderoso de los cuatro tipos. Se basa en la propiedad mutua de los signos. Se produce cuando dos planetas se encuentran en dos casas que se pertenecen mutuamente.

Relación de Aspecto o Drishti: Es un intercambio unidireccional en el que un planeta se encuentra en la casa que pertenece a otro planeta. Además, la casa está aspectada significativamente. Si el aspecto es casi total, esta relación es también muy poderosa.

Posicionado en el mismo signo: Cuando dos planetas se posicionan juntos en el mismo signo, entonces también, el intercambio es poderoso.

Aspecto mutuo: Esto ocurre cuando dos planetas se aspectan mutuamente. Si esto sucede en niveles casi totales, entonces también, el intercambio puede ser poderoso.

Las relaciones interplanetarias de cada planeta también están determinadas por sus amistades Tatkalik (temporales) y Naisargik (naturales o permanentes). Las amistades y relaciones permanentes dependen del estado natural de los planetas, mientras que las relaciones temporales dependen de la posición de los planetas en los horóscopos individuales.

La tercera relación es la de tipo neutral (o Sama), en la que los planetas no son ni amigos ni enemigos, sino que son neutrales entre sí. Ambos gozan de la misma posición. La relación se ve siempre desde la perspectiva del planeta en cuestión. Por ejemplo, supongamos que se quiere ver el vínculo de Surya con otros planetas. En este caso, su vínculo se juzga desde el punto de vista de Surya y es independiente de las actitudes del otro planeta hacia Surya.

El análisis de la carta rara vez se realiza utilizando las relaciones Naisargika. Solo se utiliza para calcular el Panchadha Maitree. Los vínculos temporales son los que se utilizan para el análisis de la carta. Así que, si Chandra no es hostil hacia ningún planeta en sus relaciones Naisargika, entonces solo significa que en el esquema Panchada Maitri, nunca será un enemigo jurado de otros planetas. Aunque, si hay hostilidad desde la perspectiva de Chandra en las relaciones Tatkalika, entonces puede ser hostil a otro planeta en el Esquema Panchada Maitri.

La amistad Naisargika funciona así. La regla de Satyacharya rige las relaciones Naisargika. Del signo Mooltrikona de cualquier graha, los señores de la segunda, cuarta, quinta, octava, novena, duodécima y el señor del signo de exaltación son sus amigos. Los señores de las otras casas, es decir, la tercera, la sexta, la séptima, la décima y la undécima, son hostiles a este planeta. Pero el señor del signo de exaltación del planeta también será amigo, aunque se encuentre en una de las casas hostiles. Los señores que poseen ambas son neutrales. Si un planeta se convierte en amigo y enemigo por poseer dos casas, entonces se considera un planeta neutral.

Las amistades Naisargika son permanentes y no están influenciadas por la posición de los planetas en la elíptica. Los planetas son amistosos u hostiles debido a sus características inherentes. Los rayos del planeta serán intensificados por los rayos de los planetas mitra y contrarrestados o debilitados por los planetas enemigos o shatru.

Las relaciones tatkalik funcionan así. Los planetas en las casas segunda, tercera, cuarta, undécima o duodécima de cada planeta se convierten temporalmente en mitra o amigos, y los planetas en las otras casas son temporalmente enemigos.

Se llega a Panchada Maitri combinando los amigos Naisargika y Tatkalika:

- Si dos planetas son amistosos en ambas perspectivas Naisargika y Tatkalika, entonces son extremadamente amistosos en el horóscopo del nativo; amigo permanente + amigo temporal = mejor amigo.

- Si son amistosos a través de una perspectiva y tienen una relación neutral a través de la otra, entonces el resultado es amistoso; amigo permanente + enemigo temporal = neutral.

- Si la enemistad se combina con la afinidad, entonces el resultado es la igualdad; enemigo permanente + amigo temporal = neutral

- Si la enemistad se combina con la neutralidad, el resultado es la enemistad.

- Si hay enemistad por parte de ambos, entonces el resultado es enemistad extrema; enemigo permanente + enemigo temporal = enemigo acérrimo.

Las posiciones Mooltrikona de los siete planetas son:

- Surya en Simha Rashi hasta 20 grados.
- Chandra en Vrishabha Rashi hasta 27 grados.
- Mangala en Mesha Rashi hasta 12 grados.
- Buda en Kanya Rashi hasta 20 grados.
- Gurú en Dhanush Rashi hasta 10 grados.
- Shukra en Tula Rashi hasta 15 grados.
- Shani en Kumbha Rashi hasta 20 grados.

Usando estas reglas, las relaciones de amistad-enemistad de Naisargika para cada uno de los siete planetas es:

Surya: Surya representa la buena fortuna, el alma, la carrera, la figura paterna y la autoridad. Los aspectos del Sol no son de naturaleza maléfica. Sin embargo, puede causar sentimientos de crueldad, actos egoístas y egoísmo.

La Mooltrikona es Simha Rashi (Leo). Las casas cuarta, segunda, duodécima, quinta, novena y octava contienen Mangala, Buda, Chandra, Gurú, Mangala y Gurú, respectivamente. El signo de exaltación de Surya es Mangala. Por lo tanto, Mangala, Buda, Chandra y Gurú son sus amigos.

Los señores de la tercera, sexta, séptima, décima y undécima en relación con Surya son Shukra, Shani, Shani, Shukra y Buda. Shani y Shukra son los enemigos de Surya. Buda tiene una casa de amigo y otra de enemigo para Surya. Buda tiene una relación neutral con Surya.

Chandra: Chandra o la Luna desea la familia, la mente y las obsesiones de la mente y el hogar. El Mooltrikona de Chandra en Vrishabha Rashi (Tauro). Las casas cuarta, segunda, duodécima, quinta, novena y octava contienen a Surya, Buda, Mangala, Buda, Shani, Gurú, que son los amigos de Chandra. El signo de exaltación de Chandra es Shukra, que también es amigo de Chandra, independientemente de la casa que ocupe.

Los señores de la tercera, sexta, séptima, décima y undécima, en relación con el Mooltrikona de Chandra, son Chandra, Shukra, Mangala, Shani y Gurú, respectivamente. Shukra tiene una posición adversa con respecto a Chandra y su signo de exaltación. La relación de Shukra con Chandra es neutral. Del mismo modo, Mangala, Shani y Gurú tendrán un intercambio neutral con Chandra porque comparten una relación amistosa y otra hostil.

Buda: Buda o Mercurio representa la palabra, el intelecto, el aprendizaje y la comprensión, la comunicación y la profesión. El Mooltrikona de Buda es Kanya Rashi (Virgo). Los señores de las casas cuarta, segunda, duodécima, quinta, novena y octava de acuerdo con la posición de Buda son Gurú, Shukra, Surya, Shani, Shukra y Mangala, lo que resulta en una relación amistosa con Buda (Mercurio). El signo de exaltación es el propio Mercurio.

Los señores de las casas tercera, sexta, séptima, décima y undécima son Mangala, Shani, Gurú, Buda y Chandra. Utilizando las reglas de Panchada Maitri, Mangala y Shani tienen una relación neutral con Buda porque son señores de una casa amiga y de una casa enemiga de acuerdo con la posición Mooltrikona de Buda.

Shukra: Shukra o Venus representa el amor, la sensualidad, la paz, el sexo, las comodidades materialistas y las relaciones basadas en el amor. El Mooltrikona de Shukra es Tula Rashi (Libra). Los señores de las casas cuarta, segunda, duodécima, quinta, novena y octava en relación con Shukra son Shani, Mangala, Buda, Shani, Buda y Shukra, respectivamente, lo que les confiere una relación amistosa. El signo de exaltación de Shukra es Gurú.

Los señores de las casas tercera, sexta, séptima, décima y undécima son Gurú, Gurú, Mangala, Chandra y Surya, respectivamente, lo que les confiere una relación hostil con Shukra. Gurú y Mangala tendrán un vínculo neutral con Shukra, ya que cada uno ocupa una casa amistosa y otra enemiga.

Mangala: Mangala o Marte desea y representa los conflictos, la ambición, el poder y la propiedad. El Mooltrikona de Mangala (Marte) es Mesha Rashi (Aries). Los señores de las casas cuarta, segunda, duodécima, quinta, novena y octava en relación con Marte son Chandra, Shukra, Gurú, Surya, Gurú y Mangala, respectivamente, lo que les da un vínculo amistoso con Marte. El signo de exaltación de Mangala es Shani.

Los señores de las casas tercera, sexta, séptima, décima y undécima con respecto a la posición Mooltrikona de Marte son Buda, Buda, Shukra, Shani y Shani, dándoles entonces una relación de enemistad. Shukra y Shani tendrán una relación neutra con Mangala porque ocupan una posición amistosa y otra enemiga.

Gurú: Gurú representa el conocimiento, la espiritualidad, la buena fortuna, los valores y la religión. El Mooltrikona de Gurú (Júpiter) es Dhanush Rashi (Sagitario). Los señores de las casas cuarta, segunda, duodécima, quinta, novena y octava en relación con la posición Mooltrikona de Gurú son Gurú, Shani, Mangala, Mangala, Surya y Chandra, lo que resulta en una relación amistosa. El signo de exaltación de Gurú es Chandra.

Los señores de las casas tercera, sexta, séptima, décima y undécima con respecto a Gurú son Shani, Shukra, Buda, Buda y Shukra, resultando en una relación adversa. Shani tiene una relación neutral con Gurú.

Shani: Shani representa el sufrimiento, el trabajo duro, la pobreza, la enfermedad y la finalidad. El Mooltrikona de Shani (Saturno) es Kumbh Rashi (Acuario). Los señores de las casas cuarta, segunda, duodécima, quinta, novena y octava en relación con Shani son Shukra, Gurú, Shani, Buda y Shukra, respectivamente, lo que les da una relación amistosa. El signo de exaltación de Shani es Shukra.

Los señores de las casas tercera, sexta, séptima, décima y undécima con respecto a Shani son Mangala, Chandra, Surya, Mangala y Gurú, dándoles una relación de enemistad con Shani. Gurú comparte una relación neutra con Shani porque ocupa una posición amistosa y otra enemiga.

Amigos y enemigos naturales de Rahu y Ketu

Rahu representa la manipulación, el disfrute y la ambición. Puede causar engaños, choques y pérdidas para los nativos. El Mooltrikona de Rahu es Mithuna Rashi (Géminis). Por lo tanto, sus amigos deberían ser los señores de Cáncer, Virgo, Libra, Capricornio, Acuario y Tauro. Sus enemigos serían los señores de Leo, Escorpio, Sagitario, Piscis y Aries.

El signo de exaltación de Rahu es Tauro, que es la duodécima casa desde su Mooltrikona, ya una posición amistosa. Según las reglas del Panchada Maitri, Chandra, Shukra y Rahu son amigos naturales de Rahu, mientras que Surya, Mangala y Gurú son sus enemigos naturales. Buda es neutral.

Ketu no tiene aspectos porque no representa ningún deseo. El Mooltrikona de Ketu es Dhanush Rashi (Sagitario). Por lo tanto, los signos amigos de Ketu son Capricornio, Piscis, Aries, Leo, Cáncer y Escorpio. Sus signos enemigos son Acuario, Tauro, Géminis, Virgo y Libra. El signo de exaltación de Ketu es Escorpio, que ya está en una relación amistosa ocupando la casa 12.

Los amigos de Ketu son Surya, Chandra y Mangala, mientras que sus enemigos naturales son Shukra y Buda. Shani y Gurú tienen una relación neutral con Ketu.

La siguiente lista resume los amigos, enemigos y relaciones neutrales de los nueve planetas:

Surya: Los amigos de Surya (o el Sol) son Luna (Chandra), Marte (Mangala) y Júpiter (Gurú). Sus enemigos son Shukra (Venus), Shani (Saturno) y Rahu. Los planetas neutrales son Buda y Ketu.

Chandra: Los amigos de Chandra (o la Luna) son Surya y Shukra. Sus enemigos no son ninguno, y tiene una relación neutral con Mangala, Gurú, Shukra, Shani, Rahu y Ketu.

Buda: Los amigos de Buda (o Mercurio) son Surya y Shukra. Sus enemigos son Chandra y Ketu. Tiene relaciones neutrales con Mangala, Gurú, Shani y Rahu.

Shukra: Los amigos de Shukra (o Venus) son Buda, Shani y Rahu. Sus enemigos son Surya y Chandra. Tiene una relación neutral con Mangala, Gurú y Ketu.

Mangala: Los amigos de Mangala (Marte) son Surya, Chandra y Gurú. Su enemigo es Buda. Y es neutral con Shukra, Shani, Rahu y Ketu.

Gurú: Los amigos de Gurú (o Júpiter) son Surya, Chandra y Mangala. Sus enemigos son Buda, Shukra y Rahu. Gurú tiene una relación neutral con Shani y Ketu.

Shani: Los amigos de Shani (o Saturno) son Buda, Shukra y Rahu. Sus enemigos son Surya, Chandra, Mangala y Rahu. Tiene una relación neutral con Buda y Gurú.

Rahu: Los amigos de Rahu son Shukra y Shani. Sus enemigos son Surya, Chandra y Mangala. Tiene una relación neutral con Buda, Gurú y Ketu.

Ketu: Los amigos de Ketu son Surya y Mangala. Sus enemigos son Shukra y Shani. Tiene una relación neutral con Buda, Gurú, Chandra y Rahu.

Amistades, enemistades y relaciones recíprocas y no recíprocas

Surya es amistoso con Mangala, Gurú y Chandra. Estos tres planetas, a su vez, corresponden la amistad hacia Surya. Los enemigos de Surya son Shani y Shukra, y ellos, a su vez, son enemigos de Surya. Estas relaciones se denominan recíprocas.

Ahora, tomemos otro ejemplo. Surya es tolerante o neutral hacia Buda. Curiosamente, a Buda le gusta Surya y lo considera un amigo. Este tipo de relación se denomina no recíproca. Los tipos de relaciones no recíprocas son interesantes y nos dan mucha visión e información sobre la vida.

Las amistades no recíprocas se explican de forma ambigua en los diversos textos de Astrología Védica. Pero el componente más importante para apoyar las amistades y enemistades de un planeta con otros planetas es el propio planeta, el que se posa en el Mooltrikona, que se está considerando. El texto de Parashará establece claramente que los sentimientos de ese planeta hacia otros planetas deben ser el factor determinante de sus relaciones con otros planetas.

También lógicamente, esta interpretación tiene mucho sentido. Veamos un ejemplo de la relación no recíproca entre Surya y Buda para entender esta interpretación. Ahora bien, Surya o el Sol representa la autoridad y el alma o la conciencia. Buda representa la libertad de expresión y el intelecto. Existe una relación compleja, pero inevitable, entre la autoridad, la conciencia, la libertad de expresión y el intelecto.

A Mercurio, el representante de la libertad de expresión y el intelecto, le gusta Surya porque ambos elementos representativos, es decir, el intelecto y la libertad de expresión, necesitan el apoyo y la ayuda de la autoridad/gobierno y la iluminación de la conciencia o el alma. Por lo tanto, a Buda o Mercurio le gusta Surya.

Ahora, veamos la relación de Surya y Buda desde la perspectiva de Surya (el representante de la autoridad). Al gobierno o a las personas con autoridad no les gustan los que utilizan la libertad de expresión o los librepensadores. Los librepensadores y los partidarios de la libertad de expresión son tolerados, pero no odiados. Por lo tanto, Surya es neutral hacía, en otras palabras, "tolera" a Buda. Esta interpretación funciona para casi todas las relaciones no recíprocas. Aquí hay algunos ejemplos más que son herramientas útiles para recordar las relaciones entre los planetas.

Relaciones no recíprocas de Mercurio: A continuación, veamos a Buda con un poco más de detalle. A Mercurio le gusta Venus (Shukra), que corresponde felizmente a esta amistad, que es una relación recíproca. Mercurio tolera a Marte (Mangala). Pero Mangala odia a Buda. De nuevo, es fácil de entender lógicamente. Marte representa a los militares que odian a los librepensadores, representados por Mercurio. Los librepensadores, en cambio, soportan o toleran a los militares y a la policía porque los librepensadores no solo comprenden las perspectivas de la policía y los militares, sino que los necesitan para su protección y seguridad.

Otra relación no recíproca de Mercurio es con Saturno. Mercurio es neutral (o tolera) a Shani, mientras que a Shani le gusta Mercurio. Shani es antagonista de la autoridad, lo que puede apagar a Mercurio. Aunque Mercurio es desenfadado, puede tolerar a Shani, pero no puede estar en términos amistosos.

Relaciones no recíprocas de Venus: Venus es amigo de Saturno y Mercurio, y estos dos planetas se corresponden con la relación. En la Astrología Védica, la amistad entre Venus (Shukra) y Saturno (Shani) es de calidad legendaria y se cree que es una de las relaciones más fuertes, comparable a la relación entre Marte (Mangala) y el Sol (Surya).

Los archienemigos de Venus son el Sol y la Luna, y es fácil entenderlo, teniendo en cuenta que Venus representa la creatividad y las artes, que suelen ser antiautoritarias. Al Sol también le desagrada Venus. Pero la Luna tolera el odio de Venus.

Venus y Marte son neutrales entre sí, representando la dinámica natural masculino-femenina del universo. Al fin y al cabo, los hombres y las mujeres no pueden vivir el uno sin el otro y, sin embargo, les resulta difícil vivir felices el uno con el otro y acaban tolerándose.

Venus tiene una relación neutral con Júpiter, aunque a Júpiter no le gusta Venus. De nuevo, esta relación neutra frente a la no reciprocidad es fácil de entender. Venus representa el amor, la paz y la sensualidad y puede ver fácilmente el valor de la religión y la filosofía representadas por Júpiter. Mientras que numerosas formas de arte y artistas han sido apoyadas por la religión, muchas más obras y personas relacionadas con el arte han sido censuradas por la religión.

Mientras que la mayoría de los artistas toleran la religión, a esta le desagradan casi todos los artistas y obras de arte que no se ajustan o alinean con sus creencias y dogmas. La religión utiliza la censura para demostrar su aversión al arte.

Mercurio y Júpiter (Gurú) también comparten una relación no recíproca. Mientras que Júpiter odia a Mercurio, este es tolerante con él. Júpiter defiende la religión y el dogma. Los librepensadores y los partidarios de la libertad de expresión encuentran continuamente formas de avergonzar a los dogmas religiosos, aunque estén abiertos a la religión (o sean neutrales hacia ella). En esta coyuntura, podría tener sentido recordar la mitología de Shukra (nacido de Chandra y Tara, esposa de Gurú), que es el hijo bastardo de Júpiter. Así, mientras Mercurio avergüenza a su padrastro, Júpiter odia a su hijo bastardo.

Relaciones no recíprocas de Marte: Marte y Júpiter tienen una relación amistosa recíproca. Marte, que representa la energía y la pasión, sabe que necesita la orientación representada por Júpiter. Y Marte representa a los organismos de aplicación de la ley, como la policía y el ejército, y Júpiter representa el orden de aplicación de la ley basado en la moral, lo que da lugar a una amistad mutua y recíproca.

Marte y Saturno comparten una relación no recíproca. Shani, que representa la antiautoridad, odia la tendencia al mando y a la imposición de Marte. Pero Marte aprecia el sentido práctico y la tenacidad de Saturno o Shani, y lo tolera.

Relación no recíproca de Júpiter: Júpiter y Saturno se toleran mutuamente porque la religión y la moral (Júpiter) están inextricablemente entrelazadas con la finalidad, representada por Saturno. Por lo tanto, ambos se toleran, aunque sean totalmente opuestos entre sí.

Curiosamente, a nadie le desagrada realmente Júpiter, incluidos los planetas a los que maltrata (Venus y Mercurio). Este aspecto agradable de Júpiter se basa en todos los elementos positivos, incluyendo las buenas acciones. Es un señor muy sensible y trata con sensibilidad a los demás, incluso cuando hace algo malo. Por lo tanto, a ningún planeta le desagrada realmente Júpiter.

Capítulo 4: Sistemas de casas y características del Bhava

Entender los sistemas de casas en la astrología védica es el comienzo de los fundamentos de este fascinante tema. La elíptica del Zodiaco es de 360 grados, la cual se divide en 12 divisiones iguales de 30 grados cada una. Cada división se denomina *signo del Zodiaco* o *casa*. Este sistema de 12 casas comienza en Aries y termina en Piscis.

Cada uno de los 12 signos tiene un regente (un planeta), y los planetas rigen dos signos (doble propiedad). Un elemento importante sobre la doble propiedad es que cuando un planeta rige dos signos, entonces uno de ellos es más importante que el otro. Este concepto es relativo y es independiente del planeta y de los signos que rige. El signo más importante se convierte en el signo Mooltrikona para ese planeta.

En la astrología védica, un planeta es un cuerpo celeste que se considera en la elíptica del Zodiaco. La palabra "planeta" no debe ser confundida con su significado astronómico. Los planetas no tienen por qué ser los mismos que define la Física y la Astronomía. Por ejemplo, el Sol y la Luna se consideran planetas, aunque la Física llame al Sol estrella y a la Luna satélite natural.

Para reiterar una lección anterior, los nueve planetas primarios de la astrología védica son el Sol (Surya), la Luna (Chandra), Marte (Mangala), Júpiter (Gurú), Saturno (Shani), Mercurio (Buda), Venus (Shukra), y Rahu y Ketu. Estos dos últimos se denominan *Planetas Sombra*. Rahu y Ketu no son entidades físicas. Son puntos imaginarios en la elíptica zodiacal, donde el eje del Sol y la Luna se superponen, en relación con la tierra. Es importante saber que Rahu y Ketu son cálculos matemáticos y no entidades físicas como los otros siete cuerpos celestes conocidos colectivamente como planetas. Los efectos de Rahu y Ketu son tan poderosos en los horóscopos que los antiguos videntes pensaron que era importante darles el estatus de planeta. Siempre están a 180 grados el uno del otro.

Rahu y Ketu no gobiernan ningún signo, ya que no son entidades físicas. Pero son co-regidores de ciertos signos. Además, estos dos elementos astrológicos se denominan planetas sombra porque reflejan los efectos de los planetas a los que están próximos o de los signos que ocupan temporalmente.

Las 12 casas o Bhavas

Las 12 casas y sus planetas gobernantes son:

- Aries (Mesha Rashi) - regida por Marte (Mangala); el signo Mool Trikona (MK) para Marte en Aries
- Tauro (Vrishabha Rashi) - regido por Venus (Shukra)
- Géminis (Mithuna Rashi) - regido por Mercurio (Buda)
- Cáncer (Karkata Rashi) - regido por Luna (Chandra)
- Leo (Simha Rashi) - regido por el Sol (Surya)
- Virgo (Kanya Rashi) - regido por Buda y Rahu - signo MK de Buda
- Libra (Tula Rashi - regido por Shukra (signo MK)
- Escorpio (Vrishchika Rashi) - regido por Marte (Mangala) y Ketu
- Sagitario (Dhanush Rashi) - regido por Júpiter (Gurú) - signo MK

- Capricornio (Makar Rashi) - regido por Saturno
- Acuario (Kumbh Rashi) - regido por Saturno (signo MK) y Rahu (co-regente)
- Piscis (Meena Rashi) - regido por Júpiter

El término "Bhava" en sánscrito significa estado o condición. En Jyotisha, Bhava se utiliza para denotar una división fija en el Zodíaco. Se corresponde con el término "casa" utilizado en la astrología occidental. Una carta astral o natal en la astrología védica se llama *bhavachakra*, donde chakra significa "rueda" o "círculo".

Todas las cartas tienen los mismos doce bhavas o casas que miden 30 grados cada una. La diferencia entre las cartas individuales es qué casa se toma como la primera casa, la segunda casa, y así sucesivamente hasta la casa 12. El Lagna o el signo ascendente determina la primera casa. El Lagna es el signo ascendente en el este en el momento del nacimiento del nativo. La casa Lagna es la primera casa para esa persona, y las demás le siguen en sentido contrario a las agujas del reloj, en la misma secuencia que la elíptica del Zodíaco.

Las doce casas rigen numerosos aspectos de la vida del individuo. A continuación, se indican los elementos que rige cada casa. Pero es importante recordar que esta lista no es exhaustiva.

La Primera Casa: o el Lagna bhava, representa principalmente la personalidad del nativo. Controla o rige estos aspectos de la vida del nativo, la personalidad, el comportamiento, la apariencia física, etc:

- La personalidad del individuo
- La cabeza y el pelo de la cabeza
- El cráneo, la piel y el cerebro
- El estado de salud general, incluyendo la inmunidad y la vitalidad
- El éxito general, la felicidad y el bienestar
- Características físicas generales del nativo
- Características mentales generales

- Lugar de nacimiento
- Pensamientos y funcionamiento de la mente
- Poder y estatus en la sociedad y la familia
- Comienzo de los eventos y acontecimientos

La Segunda Casa: Representa principalmente la riqueza y se llama la *casa de Dhana bhava* (riqueza en sánscrito). Representa y gobierna estos aspectos del nativo en cuestión:

- Es la casa principal de la riqueza, incluyendo activos como ahorros, propiedades, cuentas de jubilación, etc.
- Las posesiones materiales como la ropa, las joyas y los artículos del hogar
- Familia del nativo
- La cara, la boca y la zona de la lengua y el habla
- Ojo izquierdo para la mujer y ojo derecho para el varón junto con la vista en general
- Es el lugar de la muerte o la casa con el potencial de matar al nativo
- Educación básica (hasta el tercer grado)

La Tercera Casa: Llamada *Parakrama* (valor) o *bhratru* (hermanos), refleja el valor y el coraje del nativo. Representa y gobierna estos aspectos de la vida del individuo:

- Los hermanos del nativo, especialmente los más jóvenes
- Vecinos y otras personas del entorno del nativo
- Valor y coraje de la persona
- La zona de la garganta y el cuello, incluyendo la comunicación y el habla
- Oídos y audición
- Aspectos de la comunicación como el periodismo, los medios de comunicación, la informática, Internet, los teléfonos, los

ordenadores, la escritura de libros y artículos, y la escritura a mano
- Viajes de corta distancia y objetivos a corto plazo, incluidas las aficiones
- Actividades relacionadas con las manos y los brazos
- Entusiasmo por el trabajo
- Libido y destreza sexual

La Cuarta Casa: Llamada *"Suhdra"* de *"sukha"*, refleja la relación con la madre. Rige estos aspectos de la vida de una persona:
- Madre
- Patria
- Vehículos
- Bienes fijos como la tierra, las casas y otras formas de propiedad inmobiliaria, incluida la tierra agrícola
- Emociones y felicidad
- Lujos y comodidades (o la falta de ellas)
- Lugar de residencia
- El pecho, los pulmones, el corazón y la parte superior de la columna vertebral
- Vida privada y sentimientos
- Paz mental
- Educación secundaria, hasta el grado 12

La Quinta Casa: Demuestra los hijos del nativo. Rige estos elementos en la vida del individuo:
- Creatividad
- Los niños, un elemento de nuestra creación
- La imaginación
- El romance y las emociones basadas en el amor
- La memoria y la inteligencia fluida

- Especulación, incluyendo el juego en los mercados de valores y las apuestas
- Competencia
- Buen karma de las vidas pasadas
- Casa de la riqueza
- Diplomacia
- Posiciones reales o poderosas y fama
- Universidad o educación superior
- Estómago, parte inferior del corazón, hígado, riñones, bazo y espalda baja

La Sexta Casa: Ripu/Roga, que se traduce como *enfermedad* en sánscrito, muestra la enemistad y las enfermedades del nativo. Rige estos aspectos de nuestra vida:

- Cualquier cosa que se oponga a nosotros, incluyendo nuestros rivales y enemigos y las personas que compiten con nosotros
- Enfermedades a corto plazo, enfermedades, cirugías, lesiones
- Deudas, litigios y tribunales
- Ruptura de relaciones
- El día a día del trabajo
- Agonía y dolor físico
- El servicio y los sirvientes
- Robo y ladrones
- Animales
- Fuego
- Higiene y medicina
- Pensamientos críticos sobre nosotros mismos y sobre los demás
- Páncreas, intestino delgado, zona lumbar, riñones, vejiga urinaria
- Embarazo, solo para las mujeres nativas

La Séptima Casa: Kama refleja la energía sexual del nativo. Determina estos aspectos de nuestra vida:

- Las relaciones, incluyendo cómo interactuamos y nos relacionamos con la gente
- Contratos legales y de negocios
- Asociaciones, incluyendo el matrimonio, el cónyuge y la vida conyugal
- Lugares extranjeros
- Residencia en el extranjero o casa lejos de la ciudad natal
- Órganos sexuales externos, hábitos sexuales y sexualidad
- Intestino grueso y zona anal
- "Maraka" lugar o el lugar con el potencial de acabar con la vida del nativo en cuestión

La Casa Ocho: *Mrityu* (o la muerte) rige estos aspectos:

- Transformaciones
- Obstáculos y giros en la vida
- Acontecimientos repentinos como accidentes y lesiones trágicas y graves
- Emociones profundas y agitación
- Muerte y eventos similares a la muerte
- Hábitos degenerados y adictivos como el alcoholismo, el tabaquismo, el consumo de drogas, etc.
- Cosas ocultas, incluyendo el interés por lo oculto y la metafísica
- Investigación profunda o análisis profundo de cualquier área que busque entender cosas intrigantes
- Hábitos regenerativos y espirituales incluyendo el desapego al materialismo, el éxito
- Préstamos o dinero no ganado como legados y herencias
- Cambio de estilo de vida, casa, trabajo u otra actividad
- Angustia y desesperación mental, incluida la desesperanza

- Órganos sexuales internos, zona anal, testículos, solo para los hombres
- Enfermedades crónicas e incurables, incluida la enfermedad terminal

La Novena Casa: Bhagya, es la casa de la suerte y la fortuna. Determina estos factores de nuestra vida:

- Padre, gurú, jefe o patrón
- El destino y la suerte
- Educación superior, investigación
- Templos
- Inteligencia cristalizada relacionada con las propias creencias, religión, espiritualidad, meditación, etc.
- Viajes de larga distancia y al extranjero
- Buenas acciones de vidas anteriores
- Ayuda de las bendiciones divinas
- Casa de la riqueza
- Pensamiento abstracto
- Cruzar los límites intelectuales hacia nuevas culturas, creencias y religión
- Residencia en el extranjero
- Publicación
- Importación y exportación
- Caderas, muslos y rabadilla

La Décima Casa: El karma rige estos factores de nuestra vida:

- Carrera y trabajo
- Estatus en la vida pública
- Manifestación externa de nuestro trabajo
- Fama, popularidad, prestigio y honor
- Ascenso en la vida
- Karma (nuestras acciones)

- Niveles de energía e imagen en el trabajo
- Reconocimiento del gobierno
- Cargos de poder como políticos, directores generales, directores de institutos
- Puestos relacionados con la gestión
- Rodillas y partes medias de las piernas

La Undécima Casa: Aya, es la que domina estos aspectos de nuestra vida:

- Ganancias e ingresos
- Recompensas en el lugar de trabajo y en el empleo, incluidos los ascensos
- Casa de la riqueza
- Deseos y objetivos a largo plazo y su cumplimiento
- Hermanos mayores
- Oídos y audición
- Círculo social, amigos e interacción social
- Recuperación de enfermedades y dolencias
- Zona de los tobillos y la parte inferior de los pies
- Premio y/o reconocimiento de las autoridades, incluido el gobierno

La Duodécima Casa: Vyaya, determina estos aspectos de la vida de un nativo:

- Pérdidas y gastos
- Dejar ir
- Aislamiento, encarcelamiento
- Pérdida de movimiento, incluyendo la hospitalización
- Pérdida de la libertad como ser encarcelado
- Emociones profundas como el dolor y la tristeza
- Vida oculta, incluyendo el sueño, la actividad sexual, las debilidades ocultas, las fortalezas, los enemigos

- Residencia en el extranjero y lugares lejanos y aislados
- Sueños, intuición, poderes psíquicos
- Meditación y espiritualidad
- Falta de materialismo
- Moksha
- Viajes de larga distancia y asentamientos
- Pies, ojo izquierdo para los hombres, ojo derecho para las mujeres
- Enfermedades no diagnosticables
- Problemas relacionados con el sueño, como insomnio, sonambulismo, etc.

Puntos interesantes sobre las distintas casas

Las casas tercera y octava o bhavas representan "Jeeva Shakti" o fuerza vital, y la duodécima casa se ocupa de la muerte, el final o la pérdida. Por lo tanto, la duodécima casa de cualquier bhava representa la pérdida o el final de ese bhava.

Las casas segunda y séptima son casas duodécimas de la tercera y octava respectivamente, lo que las convierte en "Maraka" o casas asesinas. Del mismo modo, la novena casa representa el destino y la buena fortuna. La duodécima desde la novena casa es la octava bhava, que es la mala fortuna y la destrucción.

Por lo general, se considera que las casas primera, quinta y novena dan cosas buenas, como la riqueza, la buena salud, la buena fortuna, la sabiduría, la educación, etc., aunque hay otras advertencias que deben tenerse en cuenta para comprender con exactitud la carta natal de una persona. Estos tres bhavas o casas se denominan colectivamente el "trikona" o triángulo o el trígono. Gurú y Chandra son buenos cuando están en el trígono.

Las casas primera, cuarta, séptima y décima se llaman *Kendra* o el *Centro* porque rigen la mayoría de los elementos de nuestra vida cotidiana. Estas cuatro casas son muy importantes y los planetas que las ocupan influyen significativamente en la vida de un nativo. La décima casa es la más fuerte y puede superar incluso al ascendente.

Las casas sexta, octava y duodécima se denominan casas malas o "dusthanas", ya que representan los elementos y las cosas que se oponen a nuestra felicidad y nos traen pena, dolor, pérdidas y agonía.

Una cuarta categoría de bhavas se llama *Upachaya*, casas de remedio o de crecimiento. En estas casas, incluyendo la tercera, sexta, décima y undécima, los planetas maléficos tienen tendencia a mejorar. Esta categoría se llama "*casas de crecimiento*", lo que significa que los planetas tienden a dar más con el tiempo. Shani y Mangala van bien aquí y dotan a los nativos de energía y fuerza para superar los obstáculos. Los planetas maléficos van bien en la undécima casa.

Apachaya o las casas de la disminución incluyen la primera, segunda, cuarta, séptima y octava bhavas, donde los planetas pierden su fuerza. Los maléficos no van bien en estas casas.

Otra categoría llamada *sucedente* o *fija* incluye los bhavas segundo, quinto, octavo y undécimo. Reflejan la acumulación y el mantenimiento de nuestros recursos.

La categoría cadente incluye las casas tercera, sexta, novena y duodécima. Dan flexibilidad, inteligencia y adaptabilidad. Pero pueden volverse inestables e inseguras, lo que provoca problemas mentales y nerviosos.

Además, las 12 casas o bhavas se dividen en cuatro categorías basadas en los cuatro objetivos importantes de la vida humana, como sigue:

- **Dharma:** La primera, la quinta y la novena casa representan el *dharma*, que refleja nuestra necesidad de encontrar el camino y el propósito de nuestras vidas.

- **Artha:** La segunda, sexta y décima casa representan el *artha* o la creación de riqueza. Estos tres bhavas reflejan la necesidad humana de adquirir las habilidades y recursos materialistas necesarios para lograr nuestro propósito.
- **Kama:** La tercera, séptima y undécima casa representan el placer y el disfrute, una necesidad básica de la vida humana.
- **Moksha:** La cuarta, octava y duodécima casa representan nuestro deseo de iluminación y de liberarnos de la lucha de los ciclos ilimitados de nacimiento y muerte.

Entendiendo el Bhavatah Bhava

Bhavatah bhava significa el bhava futuro de una casa en particular. Bhavat se traduce como "futuro". El Bhavatah Bhava se aplica a la casa que tiene el mismo número que la casa contada desde el Lagna bhava. Bhavatah Bhava es como una casa o bhava que nace de nuevo en el futuro. El Bhavatah bhava es una técnica importante utilizada en la astrología védica para hacer predicciones precisas. Veamos ejemplos para entender mejor el concepto de Bhavatah Bhava:

- La tercera bhava o casa porque es la segunda casa de la segunda casa. Contado de la misma manera (considerando que las casas se cuentan en sentido contrario a las agujas del reloj en un camino circular), la tercera casa es también el bhavatah bhava de la octava casa (porque es la octava de la octava casa). De la misma manera, se puede llegar a los siguientes bhavatah bhavas:
- La undécima casa es el bhavatah bhava de la duodécima (duodécima desde la duodécima) y de la sexta (sexta desde la sexta casa).
- La quinta casa es el bhavatah bhava para la tercera casa y la novena.
- La novena casa es el bhavatah bhava para la undécima y la quinta casa.

- La séptima casa es el bhavatah bhava para la cuarta y la décima casa.
- La primera casa es el bhavatah bhava de la séptima casa.

En este concepto, el concepto de bhavatah bhava refleja compartir indicaciones similares. Por ejemplo, la quinta casa representa el intelecto y refleja la sabiduría y el aprendizaje profundo. La novena casa, que es el bhavatah bhava de la quinta casa, también apoya estos atributos, ya que representa la educación superior o universitaria.

Del mismo modo, la quinta bhava apoya y se alinea con los indicadores de la tercera casa. Recordemos que la tercera casa refleja la iniciación en la meditación y las prácticas espirituales. La quinta casa apoya esto al perseguir el conocimiento profundo, la sabiduría, el canto de mantras, etc. Lo contrario también es cierto. La quinta casa refleja el aprecio por el entretenimiento, y la tercera casa apoya este aspecto porque refleja la música y el drama.

Con esta comprensión básica de los sistemas de casas y los bhavas, podemos pasar al Siddhant Shastra en el próximo capítulo.

Capítulo 5: Siddhant Shastra: Principios matemáticos y astronómicos

Nos enfocaremos en los fundamentos astronómicos y matemáticos básicos de la astrología védica. Estos aspectos de la astrología védica se describen en el Siddhant Shastra, que trata principalmente con los cálculos de los meses lunares y solares, la velocidad y distancia de los planetas y constelaciones, y los cálculos de los ejes de los diferentes planetas.

El Surya Siddhanta, traducido como "Tratado del Sol", es un texto sánscrito de astronomía india. Con 14 capítulos, este texto del siglo VIII describe reglas y fórmulas detalladas para calcular los movimientos de los planetas en relación con los 12 asterismos. También describe cómo calcular las órbitas de los cuerpos celestes.

El Surya Siddhanta afirma que la Tierra es esférica y que orbita alrededor del Sol. No menciona a Urano ni a otros planetas lejanos. Es fácil entenderlo, teniendo en cuenta que no había telescopios y que era imposible ver esos planetas lejanos a simple vista.

Entendiendo el Ayanamsa

Ayan significa precesión o movimiento, y Amsha significa una "porción" o "parte". Ayanamsa se traduce en una parte o porción del movimiento (relativo a los cuerpos celestes). Ayanamsa se refiere a la cantidad de precesión. Representa la diferencia angular entre el equinoccio vernal y el Zodíaco sideral.

Ayanamsa es la razón por la que puede haber diferencias en el cálculo de Dasas entre los distintos astrólogos. La idea de Ayanamsa juega un papel importante en la determinación de las cartas de división, la determinación de las posiciones planetarias, Dasas, tránsitos, y más. El uso de Ayanamsa puede traer cambios significativos en los balances de Dasa y en las Cartas Varga de alta precisión como Shastiamsa.

Debemos entender el concepto de los equinoccios precedentes para mejorar nuestra comprensión del significado y los efectos de Ayanamsa. ¿Qué son los equinoccios? Cuando el ecuador celeste se cruza con la eclíptica (o la trayectoria de los planetas), se crean dos puntos de intersección, a saber, el Equinoccio de Primavera y el Equinoccio de Otoño.

El Equinoccio de Primavera cae el 21 de marzo, mientras que el Equinoccio de Otoño es el 21 de septiembre de cada año. Los Rashis o planetas que pasan por estos dos equinoccios cambian continuamente. Los Rashis preceden continuamente a estos equinoccios, tardando 25800 años para que todos los Rashis pasen por estos dos equinoccios una vez. Los Rashis son precedidos, lo que se llama la *precesión de los equinoccios*.

Ayanamsa es la diferencia en la distancia angular creada cada vez que hay una precesión en el equinoccio. Según el Siddhanta Shastra, la precesión se produce a razón de un grado cada 72 años, lo que se traduce en unos 50 segundos cada año. Ayanamsa puede definirse como la diferencia entre el Zodiaco tropical (occidental) y el sideral (astrología védica). Esta diferencia, aparentemente pequeña, se omite en los cálculos de la astrología occidental, mientras que se incluye en la astrología sideral o védica, lo que da lugar a cálculos más específicos y, por tanto, a predicciones cada vez más precisas en esta última.

En el año 285 d. C., las posiciones de los planetas, tanto en el sistema sideral como en el tropical, estaban sincronizadas, lo que significa que en ese año no había Ayanamsa, y no había precesión en ese año. En el año 285 d. C., las posiciones planetarias eran las mismas tanto en el sistema astrológico occidental como en el védico.

Pero, al comenzar las precesiones, las diferencias entre los dos sistemas comenzaron, y continúan haciéndolo, y continuarán a un ritmo de aproximadamente un grado cada 72 años. Así, en 285 d. C., el ayanamsa era 0, y en 2010, el valor era de aproximadamente 24 grados, lo que significa decir que hay que restar la posición del planeta en la versión tropical por 24 grados para llegar a la longitud sideral.

El equinoccio de primavera es la posición utilizada para medir las longitudes planetarias y se conoce como la posición sayana del planeta. Sayana significa "junto con la componente de las diferencias en grados". La posición de longitud Nirayana se obtiene tras aplicar la corrección ayanamsa al valor de la posición sayana. Nirayana significa "sin la diferencia de grados". La astrología occidental utiliza las longitudes sayana, mientras que los seguidores de la astrología védica utilizan el sistema Nirayana.

Un interesante cálculo le ayudará a entender el impacto de Ayanamsa. Aproximadamente 11200 años; por lo tanto, el ayanamsa será exactamente el opuesto, lo que significa decir, ¡habrá una diferencia de 180 grados entre los cálculos del Sistema Astrológico Sideral y el Tropical! Alrededor de 11200 años; si el Sol está posicionado en Aries según el sistema tropical, ¡el Sol estará en Libra, según la astrología védica! Ahora, esa es una gran diferencia, ¿cierto?

El sistema tropical superpone el Zodiaco cada año en el 21 de marzo. Para la astrología occidental, el 21 de marzo de cada año, el Sol está siempre en Aries. El sistema sideral calcula las posiciones después de considerar la posición de los planetas tras el sistema Rashi. Estos dos puntos difieren, lo que da lugar a las diferencias entre las predicciones realizadas según su signo solar en los sistemas tropical y sideral.

La forma más aceptada de Ayanamsa es la Chitra Paksha ayanamsa propuesta por N. C. Lahiri y aprobada en 1954 por el Instituto de Investigación Astrológica, Kolkata, India. La mayoría de los astrólogos utilizan este ayanamsa para sus cálculos. Mientras los estudiosos continúan debatiendo sobre cuál es el mejor y más eficiente ayanamsa a seguir, como principiante, puede aprender fácilmente sobre este importante elemento usando el método Chitra Paksha.

Aquí están los términos importantes utilizados en Ayanamsa:

Latitud celeste: También llamada Shar o Vikshep, la latitud celeste es la distancia angular de un arco imaginario trazado desde el planeta hasta la eclíptica.

Uttarayana: Este término se refiere al periodo en el que Surya entra en Makar Rashi y comienza su viaje hacia el norte. Uttarayana comienza desde Makar Sankranti y termina en Mithuna Sankranti. Durante este periodo, la duración de la luz del día aumenta con cada día que pasa.

Dakshinayana: Este término se refiere al periodo en el que Surya se mueve desde Karka Sankranti hasta Dhanush Sankranti. Durante el Dakshinayana, la duración de la noche aumenta con cada día que pasa.

Equinoccio: Hay dos esferas, la celeste y la ecuatorial, que se cruzan entre sí a 23 grados y 28 minutos. Estos dos puntos de intersección se llaman equinoccios o puntos equinocciales. Uno de ellos se llama *Equinoccio Vernal* (Equinoccio de Primavera), y el segundo punto de intersección es llamado *Otoño* del Equinoccio de Otoño.

El Sol que gira en la eclíptica cruza las dos esferas celestes dos veces al año en los equinoccios. En este día, la duración del día y la noche son iguales. Los cambios en la eclíptica hacen que el Sol salga en dirección norte durante 6 meses (Uttarayana) y en dirección sur durante los 6 meses restantes (Dakshinayana). A medida que el Sol se aleja del Ayana o del punto de precesión, la duración del día aumenta.

Entendiendo los Dasas

Una vez que conozca las condiciones y fortalezas de cada uno de los planetas, sabrá qué resultados obtendrá de ellos. Pero, para saber y comprender cuándo fructificarán estos resultados, debe aprender y conocer los dasas y los tránsitos de los planetas a través de los distintos Rashis.

¿Qué son los dasas? Son los períodos gobernantes de los planetas. Hay muchos tipos de sistemas de dasas utilizados por los astrólogos de todo el mundo. Pero el más popular, y el sistema de Dasa más preciso es el Sistema Vimshottari Dasha. Vamos a entrar en este sistema con un poco de detalle.

Ya sabe que la constelación estelar por la que pasa la luna se convierte en su Nakshatra de nacimiento. Ahora, la posición y los grados en los que esta constelación estelar se colocó determinarán los dasas que estarán en funcionamiento a lo largo de su vida. Aquí hay una carta que detalla el comienzo de un Dasa, dependiendo del Nakshatra de su nacimiento. En esta carta, no estamos considerando el movimiento del Nakshatra dentro de su rango de 13 grados y 20 segundos. El inicio del Vimshottari Dasa tendría que ajustarse en consecuencia reduciendo el tiempo ya transcurrido bajo el efecto del planeta y su señor.

- Ashwini Nakshatra - Ketu Dasa - El período de Vimshottari Dasa es de 7 años
- Bharani Nakshatra - Venus (Shukra Dasa) - El período de Vimshottari Dasa es de 20 años
- Krittika Nakshatra - Sol (Surya Dasa) - El período de Vimshottari Dasa es de 6 años
- Rohini Nakshatra - Luna (Chandra Dasa) - El período de Vimshottari Dasa es de 10 años
- Mrigashirsha Nakshatra - Marte (Mangala Dasa) - El período de Vimshottari Dasa es de 7 años
- Ardra Nakshatra - Rahu Dasa - El período de Vimshottari Dasa es de 18 años
- Punarvasu Nakshatra - Júpiter (Gurú Dasa) - El período de Vimshottari Dasa es de 16 años
- Pushya Nakshatra - Saturno (Shani Dasa) - El período de Vimshottari Dasa es de 19 años
- Ashlesha Nakshatra - Mercurio (Buda Dasa) - El período de Vimshottari Dasa es de 17 años
- Magha Nakshatra - Ketu Dasa - El período de Vimshottari Dasa es de 7 años
- Purva Phalguni - Venus (Shukra Dasa) - El período de Vimshottari Dasa es de 20 años
- Uttara Phalguni - Sol (Surya Dasa) - El período de Vimshottari Dasa es de 6 años
- Hasta - Luna (Chandra Dasa) - El período de Vimshottari Dasa es de 10 años
- Chitra - Marte (Mangala Dasa) - El período de Vimshottari Dasa es de 7 años
- Swati - Rahu Dasa - El período de Vimshottari Dasa es de 18 años
- Vishakha - Júpiter (Gurú Dasa) - El período de Vimshottari Dasa es de 16 años

- Anuradha - Saturno (Shani Dasa) - El período de Vimshottari Dasa es de 19 años
- Jyeshtha - Mercurio (Buda Dasa) - El período de Vimshottari Dasa es de 17 años
- Moola - Ketu Dasa - El período de Vimshottari Dasa es de 7 años
- Purvashada - Venus (Shukra Dasa) - El período de Vimshottari Dasa es de 20 años
- Uttarashada - Sol (Surya Dasa) - El período de Vimshottari Dasa es de 6 años
- Shravana - Luna (Chandra Dasa) - El período de Vimshottari Dasa es de 10 años
- Dhanishta - Marte (Mangala Dasa) - El período de Vimshottari Dasa es de 7 años
- Satabhisha - Rahu Dasa - El período de Vimshottari Dasa es de 18 años
- El período Purva Bhadrapada - Júpiter (Gurú Dasa) - El período de Vimshottari Dasa es de 16 años
- Uttara Bhadrapada - Saturno (Shani Dasa) - El período de Vimshottari Dasa es de 19 años
- Revati - Mercurio (Buda Dasa) - El período de Vimshottari Dasa es de 17 años

El período de cada Dasa se da a continuación:
- Surya Dasa es por 6 años
- Chandra Dasa es por 10 años
- Mangala Marte es por 7 años
- Rahu Dasa es por 18 años
- Gurú Dasa es por 16 años
- Shani Dasa es para 19 años
- Buda Dasa es por 17 años
- Ketu Dasa es por 7 años

- Shukra Dasa es por 20 años

Cada uno de los anteriores se denomina *mahadasha*. El Vimshottari Dasa sigue un periodo de 120 años de la vida de un individuo. Es probable que no experimente los nueve mahadashas en su vida. Dependiendo de cuántos grados haya viajado la luna en el momento de su nacimiento, su primer mahadasha se reduce proporcionalmente.

Ahora, cada mahadasha se subdivide en dasas de otros planetas, y estas subdivisiones se llaman antardashas. El primer antardasha en cada mahadasha es el del propio planeta de la mahadasha, seguido por los otros planetas en su secuencia existente. Cada antardashas se subdivide a su vez en Pratyantar Dashas, y este proceso se repite hasta que podemos llegar a los dasas en una base diaria e incluso horaria. Este libro no cubre ese detalle. Esto es solo para indicarle el profundo detalle que se encuentra en la astrología védica.

Mientras que el Sistema Vimshottari Dasha es el más prevalente, no puede ignorar los otros sistemas dasa. Curiosamente, aunque científicamente, hay un acuerdo en la forma en que las estrellas y los planetas se colocan en nuestro sistema astral, hay muchas diferencias en términos de Ayanamsas y Sistemas Dasha. Un astrólogo bueno y bien entrenado puede sintetizar las interpretaciones de los dasas e incluyendo el aspecto ayanamsa de la astrología védica.

Capítulo 6: Los cuatro primeros: Aries, Tauro, Géminis y Cáncer

A partir de este capítulo y hasta el capítulo 8, veremos los signos del Zodíaco en detalle. Pero antes, conozcamos las categorías en las que se encuadran los 12 signos del Zodíaco. Los 12 Rashis, junto con los planetas y los bhavas o casas, forman los elementos fundamentales de la astrología védica.

La traducción literal de la palabra "Rashi" es "amontonamiento". Los Rashis no son divinos y no se les rinde culto como a los planetas. Son místicos y, sin embargo, tienen una profunda conexión con los elementos terrestres. Si mira los símbolos de los Rashis o Signos del Zodíaco, son el pez, la balanza, el escorpión y otros elementos que forman parte de nuestra vida terrenal. Los nakshatras y los planetas son divinos. Son deidades y se les rinde culto.

Incluso si no son adorados y no son divinos, los Rashis o signos del Zodíaco tienen un profundo significado en la astrología védica. Los Rashis son compartimentos en el cielo. Son como un entorno. Cuando los planetas se mueven en su eclíptica, entran en estos compartimentos o Rashis, y dependiendo del Rashi en el que entren, los planetas se comportan de una manera determinada.

Una de las creencias básicas de la astrología védica se llama dignidad esencial, la idea de que los nueve planetas son más efectivos y poderosos en algunos signos que en otros. Esto se debe a que la naturaleza del planeta y el Rashi por el que transita están en armonía. Pero algunos planetas son débiles y tienen efectos difíciles al pasar por algunos signos porque sus naturalezas entran en conflicto.

En resumen, los efectos de los planetas en cada uno de estos Rashis pueden ser favorables o desfavorables a su significación natural. He aquí una analogía para ayudarle a entender este concepto. Supongamos que usted es un buscador espiritual y de repente se encuentra en un establecimiento con música fuerte y estridente; no le gustaría, ¿verdad?

Del mismo modo, si un planeta en particular se encuentra en una Rashi que no se ajusta a su principio básico, entonces surgen efectos desfavorables. Pero si un planeta se encuentra en Rashi o casa alineada con su naturaleza básica, entonces surgen efectos favorables. Los términos utilizados en la astrología védica para explicar este concepto son exaltación (ambiente de apoyo y conforme a los objetivos y metas del planeta que resulta en condiciones favorables) y debilitamiento (ambiente de no apoyo para el planeta que resulta en condiciones y efectos desfavorables).

Otro aspecto importante de los 12 signos del Zodiaco es que cada uno tiene su opuesto, lo que resulta en seis parejas opuestas. El Fuego y el Aire son opuestos, al igual que la Tierra y el Agua. Estas son las seis parejas opuestas:

- Aries (Mesha Rashi) está opuesto a Libra (Tula Rashi)
- Cáncer (Karkata Rashi) se opone a Capricornio (Makar Rashi)
- Géminis (Mithuna Rashi) está en oposición a Sagitario (Dhanush Rashi)
- Piscis (Meena Rashi) está en oposición a Virgo (Kanya Rashi)
- Tauro (Vrishabha Rashi) está en oposición a Escorpio (Vrishchika Rashi)

- Leo (Simha Rashi) está en oposición a Acuario (Kumbha Rashi)

Categorías según la flexibilidad

En primer lugar, los signos se clasifican en tres tipos en función de su flexibilidad. Los tres tipos son Móviles, Fijos y Duales.

El primer tipo o signos móviles (también llamados *signos Cardinales*) son Aries, Cáncer, Libra y Capricornio, que representan la adaptabilidad, el movimiento, la actividad, la rapidez, el cambio, la reforma, la flexibilidad, el dejar ir y seguir adelante, y la insatisfacción e inquietud.

El segundo tipo de signos fijos es Tauro, Leo, Escorpio y Acuario. Estos cuatro signos representan la rigidez, la naturaleza gradual, pero constante, fija y testaruda, la resolución, la determinación, la aversión al movimiento y las opiniones rígidas.

El tercer tipo de signos duales (también llamados *signos mutables*) son Géminis, Virgo, Sagitario y Piscis. Son de naturaleza dual y representan una mezcla del primer y segundo tipo. Se orientan hacia el aprendizaje, la filosofía, la lectura, la comunicación, la palabra y la predicación. Están abiertos a nuevas ideas y siempre están explorando diferentes opiniones. Se les da bien la multitarea.

Categorías por elementos

Según los elementos, los 12 signos del Zodiaco se clasifican en cuatro tipos: tierra, fuego, viento y agua.

Los signos de fuego son Aries, Leo y Sagitario. Representan la energía, la afirmación, la agresividad, la pasión, la fuerza de voluntad, el liderazgo, la decisión, la franqueza, la extroversión, el temperamento ardiente, la actividad, el impulso, el pionerismo, la espontaneidad, el entusiasmo y la impulsividad.

Los signos de tierra son Tauro, Virgo y Capricornio. Los signos de tierra representan la practicidad, la cautela, los enfoques metódicos y analíticos, la lentitud y la constancia, el realismo, los pies en la tierra, la actitud acumulativa, el amor por la realidad más que por la ficción, la comprensión y el aprecio por la importancia y el valor de las cosas materialistas. Son grandes planificadores, organizadores, directores generales, directores, etc.

Los signos de aire son Géminis, Libra y Acuario. Representan el intelecto, la rapidez mental, el pensamiento abstracto, las ganas de aprender, la comunicación, la actividad física y la agilidad, el amor por los viajes y la exploración, las grandes habilidades sociales, la actitud filosófica y la actitud flexible.

Los signos de agua son Cáncer, Escorpio y Piscis. Representan la emoción, la intuición, el aprendizaje, la pasión, la sensibilidad, el acaparamiento y el coleccionismo tanto de recuerdos y otras cosas no materiales como de materiales y cosas físicas. Son imaginativos, introvertidos, psíquicos, reservados y soñadores. No son muy ágiles físicamente. Dependen más de su intuición que de los hechos y pruebas reales.

A estos elementos también se les asigna una polaridad (positiva o negativa). Los signos de aire y fuego se consideran positivos, y los de tierra y agua, negativos. Por lo tanto, se puede llegar a lo siguiente con las conexiones de los signos del Zodiaco con los cuatro elementos y la polaridad.

Categorías por género

Todos los signos impares son masculinos, es decir, Aries, Géminis, Leo, Libra, Sagitario, Acuario son masculinos. Los signos masculinos son más prepotentes, extrovertidos, comunicativos, agresivos, con actitudes destructivas y negativas, dominantes y asertivas que los signos femeninos del Zodiaco.

Todos los signos pares son femeninos; Tauro, Cáncer, Virgo, Escorpio, Capricornio, Piscis son femeninos. Los signos femeninos del Zodiaco son intuitivos, tranquilos, protectores, nutritivos, emocionales y amables.

Otras categorizaciones significativas

Aries, Escorpio y Capricornio se consideran signos violentos. Regidos por Saturno y Marte, tienden a ser destructivos y tienen principalmente una naturaleza tamásica. Cuando estos signos están afligidos en el horóscopo de un nativo, estos rasgos destructivos se manifestarán.

Aries, Géminis, Leo y Virgo se consideran signos estériles (en cuanto a la fertilidad femenina). Estos planetas no son fructíferos para la concepción. Pero se cree que Cáncer, Escorpio y Piscis son signos fructíferos.

Los signos Shirsodaya son Géminis, Leo, Virgo, Libra, Escorpio y Acuario, lo que significa que los planetas de estos signos manifiestan sus frutos en la primera mitad de sus Dasas. Shirsodaya significa "subir la cabeza primero".

Los signos Pristodaya son Aries, Tauro, Cáncer, Sagitario y Capricornio. Traducido a "levantarse con la espalda", los efectos de los planetas en estos signos tienden a dar frutos en la segunda mitad de sus Dasas.

Signos Ubabodaya (significa "ascendiendo por ambos lados") es Piscis, lo que significa decir que los planetas en este signo tienden a dar sus efectos en la mitad de sus dasas.

Veamos en detalle los cuatro primeros signos del Zodíaco en este capítulo.

Aries - Mesha Rashi

Aries es propiedad de Marte o Mangala. Aries es el Mooltrikona de Marte, que también es dueño de Escorpio. El símbolo de Aries es el carnero. Aries es un signo de exaltación para Mangala (Marte) y un signo de debilitación para Saturno o Shani.

Tendencias mentales de los nacidos en Aries: Aries es un signo móvil, de fuego y masculino. Las personas nacidas en este signo son activas, audaces, intrépidas, pioneras, carismáticas, independientes e inspiradoras. Son grandes empresarios, líderes y hombres de negocios que tienen éxito en la puesta en marcha de nuevos proyectos, iniciativas y negocios. Les encanta el movimiento y la actividad. Su franqueza y sus enfoques directos pueden parecer seguros.

Pero los nacidos en el signo de Aries son inquietos e impacientes y les resulta difícil mantener la energía y el interés en sus emprendimientos durante mucho tiempo. Pueden volverse agresivos y dominantes. Su confianza y franqueza pueden resultar dominantes y desagradables. Son egoístas y tienden a buscar solo sus propios intereses la mayoría de las veces.

Apariencia física: Los individuos nacidos en Mesha Rashi suelen tener un físico delgado y musculoso. Tienen una tez rojiza y un cuello y una cara largos. Sus rostros suelen ser anchos en las sienes y estrechos hacia la barbilla. Con cejas pobladas y pelo enjuto o áspero, los Aries suelen quedarse calvos.

Salud: Dotados de un gran poder de resistencia a las enfermedades, los arianos suelen gozar de buena salud. Son propensos a sufrir lesiones en la cabeza que pueden ir de leves a muy graves. Deben evitar conducir de forma precipitada. Los arianos también son propensos a sufrir quemaduras, dolores de cabeza, afecciones cerebrales, enfermedades inflamatorias, granos, insomnio y parálisis.

Consejos básicos de precaución: Los arianos deben asegurarse de descansar y dormir lo suficiente. Deben aprender a relajarse y a mantener sus sentimientos a raya, especialmente la ira, la preocupación y la excitación. Deben evitar los estimulantes y la carne, mientras que deben incluir en su dieta diaria alimentos sanos, orgánicos y verduras.

Tauro - Vrishabha Rashi

El planeta señor del signo de Tauro es Venus. Tauro es un signo fijo, de tierra y femenino. El símbolo de Tauro es el toro. Tauro es un signo de exaltación para Chandra o la Luna. No es un signo de debilitamiento para ningún planeta.

Tendencias mentales de las personas nacidas bajo el signo de Tauro: Las personas nacidas bajo el signo de Tauro son individuos leales, sensuales, con los pies en la tierra, prácticos y estables. Son de los que creen que la carrera se gana despacio y con constancia. Su determinación y perseverancia los mantienen en buena posición durante toda su vida.

Son apasionados y amantes de las posesiones materiales. Al ser conservadores, los taurinos son muy dedicados y fieles a su hogar, su familia y sus relaciones. Son obstinadamente leales a sus seres queridos. La mayor parte del tiempo, demuestran una personalidad tranquila y pacífica. Pero a menudo se agitan cuando se les molesta más allá de sus límites. Los taurinos pueden ser reservados, violentos, implacables e irrazonablemente tercos e inflexibles.

Aspecto físico: Los taurinos suelen ser de estatura baja o media. Tienen una frente ancha y son regordetes con un cuello grueso y robusto. Tienen una tez clara, pelo oscuro y un cuerpo muy desarrollado.

Salud: Las personas nacidas bajo este Rashi suelen tener una gran salud y son menos sensibles al dolor físico que muchas otras personas. Rara vez admiten dolores físicos e incapacidades, y si caen enfermos, tienen un largo y doloroso período de recuperación porque sus poderes de recuperación son bastante bajos. Los taurinos son propensos a las afecciones de la garganta y el cuello.

Consejos básicos de precaución: Deben aprender a no ser demasiado obstinados. Deben trabajar en la lentitud de sus acciones. Ser altruista, no ser vengativo y dejar de lado la ira también ayudará a los taurinos a llevar una vida más feliz que de otro modo.

Géminis - Mithuna Rashi

El planeta señor que posee Géminis o Mithuna Rashi es Mercurio o Buda. Géminis es un signo dual, de aire y masculino. El símbolo de Géminis es un par de gemelos. Mithuna Rashi es un signo de exaltación para Rahu y un signo de debilitamiento para Ketu.

Tendencias mentales de los nacidos en Géminis: Las personas nacidas en este signo son comunicativas, muy intelectuales y hacen de todo, incluso pensar, hablar y caminar rápido. Suelen tener un carácter pedante y les encanta aprender. Con excelentes habilidades de escritura y lectura, las personas del signo Géminis son inteligentes y versátiles. Pueden realizar varias tareas a la vez y son adaptables y flexibles.

Son ingeniosos y aportan humor a un grupo. Les encantan los cambios y la diversidad, incluso en su vida rutinaria. Pueden ser buenos en campos relacionados con la información y los datos. Pero tienen personalidades diferentes en condiciones variadas. Aunque sus habilidades oratorias son grandes, pueden adoptar un enfoque argumentativo.

Consejos básicos de precaución: Para los Géminis es importante descansar y dormir mucho. También deben hacer buen ejercicio, asegurarse de tomar aire fresco con regularidad, comer de forma conservadora y trabajar en la construcción de la paz mental.

Cáncer - Karka Rashi

Chandra o la Luna es dueña de Cáncer o Karkata Rashi. Cáncer es un signo móvil, de agua y femenino. El símbolo de Cáncer es el cangrejo y es un signo de exaltación para Gurú o Júpiter y un signo de debilitamiento para Mangala o Marte.

Tendencias mentales de los cancerianos: Las personas nacidas en el signo de Cáncer son emocionales, maternales, intuitivas, cuidadosas y protectoras. Tienen una excelente capacidad de memoria y pueden guardar y recuperar recuerdos de personas y objetos. Con una actitud simpática y cariñosa, los cancerianos son muy queridos por quienes les rodean. Aunque les encanta viajar, solo lo hacen si saben que pueden volver a un hogar estable y feliz.

Les gusta la vida doméstica y encuentran seguridad en un entorno familiar. Son devotos de sus familias. Son muy hospitalarios y tímidos. Pero pueden volverse agresivos si sus seres queridos se ven amenazados. Tienen un buen instinto para los negocios, y su capacidad para aprender e impregnarse de nuevos conocimientos es fuerte. Son honestos, pero muy impresionables.

Salud: Tienen una salud frágil durante su juventud, pero suelen ser más saludables a medida que envejecen. Son propensos a los problemas de pecho y estómago. Deben cuidar su debilidad de ser excesivamente nerviosos y preocupados.

Consejos básicos de precaución: Deben aprender a ser pacientes. Deben corregir su actitud cambiante e indolente. Deben evitar los complejos de inferioridad y ser más prácticos en su vida. Deben trabajar para superar la pasividad, la ansiedad y la pereza.

Capítulo 7: La Tierra Media: Leo, Virgo, Libra y Escorpio

Este capítulo trata de los cuatro signos del Zodiaco del medio, es decir, Leo, Virgo, Libra y Escorpio. Sigue leyendo para descubrir más sobre cada uno de ellos.

Leo - Simha Rashi

El dueño de Leo o Simha Rashi es el Sol o Surya. Leo es un signo fijo, de fuego y masculino. El símbolo de Leo es el león. Simha Rashi no es un signo de exaltación o debilitamiento para ningún planeta.

Tendencias mentales de los Leo: Las personas nacidas en este signo tienen una gran capacidad de liderazgo, son regios, nobles y orgullosos. Los leoninos quieren atención, y la consiguen; son tan mansos como un gato doméstico cuando se les quiere, pero pueden convertirse en un león cuando se les ignora.

Son directos, honestos, extrovertidos, francos e intensos. Los Leo son seguros de sí mismos, independientes y dinámicos. Son inteligentes y brillantes con gran capacidad de innovación. Pueden ser obstinados y ambiciosos más allá de lo razonable. Les encanta que les hagan cumplidos. Son serviciales y tienen una actitud protectora y paternal hacia sus amigos y seres queridos.

Aunque son intrépidos y enérgicos, pueden llegar a ser prepotentes de forma desagradablemente agresiva. Siempre son dogmáticos en su trato con los demás y llegan a ser molestosamente dominantes. Su carácter discutidor les hace tener problemas con la gente, especialmente con sus superiores y jefes.

Apariencia física: Con hombros anchos, huesos de gran tamaño y músculos, el cuerpo de un individuo nacido en Leo suele tener la parte superior mejor formada que la inferior. Los Leo tienen una cintura fina y rodillas prominentes. Tienen el pelo suave y ondulado, aunque se quedan calvos. Su aspecto majestuoso e imponente inspira dignidad y respeto.

Salud: Los Leo tienen una salud espléndida y rara vez caen enfermos. Incluso si lo hacen, se recuperan rápidamente de su enfermedad. Sin embargo, se alarman cuando se ponen enfermos o enferman, y si la enfermedad no responde al tratamiento con la suficiente rapidez para los Leo. Las enfermedades indicadas para los Leo son las relacionadas con el corazón y con los nervios.

Consejos básicos de precaución: Los Leo deben evitar imponer sus opiniones e ideas a los demás y tener cuidado con volverse excesivamente dominantes. Deberán esforzarse por aceptar las opiniones y sugerencias de los demás antes de decidir sobre cualquier asunto. Deberán contener su carácter temperamental y precipitado y recordar que no deben dejarse llevar por los halagos.

Virgo - Kanya Rashi

Virgo es el signo Mooltrikona y es propiedad de Mercurio o Buda, que también es dueño de Géminis. Rahu también es co-regente de Virgo. El símbolo de Virgo es la doncella. Virgo es un signo femenino dual conectado con el elemento tierra. Kanya Rashi es un signo de exaltación para su propio señor, es decir, Mercurio, y un signo de debilitamiento para Shukra o Venus.

Tendencias mentales de Virgo: Las personas nacidas en el signo de Virgo son analíticas y tienen un enfoque cuantitativo de todo. Son inteligentes, pensadores profundos y orientados a la investigación. También son prácticos y tienen los pies en la tierra. Admiran un entorno limpio, higiénico y ordenado. Son perfeccionistas y pueden ser bastante críticos con los problemas implacables y las personas problemáticas. Los nacidos en Virgo son muy metódicos e ingeniosos. Son bastante precisos en su trabajo, aunque se ponen nerviosos e indecisos en muchas cosas.

Tienen un excelente instinto comercial y empresarial. Son buenos matemáticos y sumamente ordenados y sistemáticos. Los nacidos en Virgo son muy trabajadores y se esfuerzan continuamente por dar lo mejor de sí mismos. Los virginianos carecen de confianza en sí mismos.

Apariencia física: con el pelo oscuro y rizado, las personas nacidas bajo el signo de Virgo suelen tener un cuerpo delgado. Tienen una voz fina y aguda. Caminan deprisa y rara vez adquieren barriga. Tienen la nariz recta y, casi siempre, parecen más jóvenes que su edad real. Tienen una frente pronunciada y utilizan expresiones sinceras y francas. Su complexión depende del planeta ascendente y de los aspectos de ese planeta.

Salud: las personas nacidas bajo el signo de Virgo suelen gozar de una salud robusta y viven hasta una edad avanzada. Son activos y parecen más jóvenes de lo que son, especialmente en su juventud. También son muy exigentes con su salud. Los nacidos en Virgo son propensos a sufrir problemas estomacales y nerviosos.

Consejos básicos de precaución: deben aprender a ser menos habladores y menos impulsivos, a pensar primero antes de decidir y a ser menos volubles. También deben aprender a olvidar y perdonar los errores de los demás. Los Virgo deben evitar el descontento, las preocupaciones, el mal humor y la irritabilidad.

Libra - Tula Rashi

Libra es el signo Mooltrikona y es propiedad de Venus o Shukra, que también es dueño de Tauro. El símbolo de Libra es la balanza de equilibrio. Libra es un signo masculino y móvil relacionado con el elemento aire. Los Libra son agradables y equilibrados. Tula Rashi es un signo de exaltación para Shani o Saturno y un signo de debilitamiento para Surya o Sol.

Tendencias mentales de los Librianos: Son muy cooperativos en grupo, así como sociales y amistosos. Los Libra son perfeccionistas y tienen un profundo sentido de la justicia y la armonía. Son muy creativos, nacidos en el signo de Libra, amantes de las artes, incluyendo la música y la literatura. Admiran la belleza y disfrutan de los ambientes sociales. También son corteses y hospitalarios.

Son bastante encantadores, diplomáticos y siempre sonrientes, lo que los hace populares y muy agradables entre muchas personas y amigos. Juzgan bien tanto a las personas como a las situaciones con rapidez. Pueden ser extravagantes, ya que les gusta vivir en el regazo del lujo. Son excelentes en el manejo de multitudes, tienen una gran capacidad de organización y pueden ser prepotentes, aunque de forma agradable. Su mal genio puede ser un gran problema para ellos.

Apariencia física: Con un cuerpo bien formado y una buena complexión, los Libra engordan durante su mediana edad. Tienen rasgos suaves y deseables, aunque los contornos y curvas de su cuerpo pueden ser irregulares. Son personas de buen aspecto, agraciadas y con un semblante atractivo. Parecen más jóvenes que su edad real.

Salud: Los librianos suelen ser sanos, aunque pueden ser propensos a las enfermedades infecciosas. Su talón de Aquiles en términos de salud son los riñones, entrañas, las glándulas pineales, la médula espinal, etc. Deben cuidar estas partes. Las enfermedades indicadas para los librianos son la poliuria, la apendicitis y el lumbago.

Consejos básicos de precaución: Los librianos deben aprender a controlar sus emociones, especialmente cuando están de humor para dar. En esos momentos se les escapan las cosas de las manos y regalan más de lo que deberían. Deben aprender a decir NO a las personas. Su comportamiento liberal los convierte en blanco fácil para que otros se aprovechen de ellos.

Escorpio - Vrishchika Rashi

Escorpio o Vrishchika Rashi tiene dos regentes, entre ellos Marte o Mangala y Ketu. Escorpio es un signo del Zodiaco fijo y masculino relacionado con el elemento agua. El símbolo de Escorpio es el escorpión, razón por la cual este Rashi se conoce a veces como "Keeta". Escorpio no es un signo de exaltación para ningún planeta mientras que es un signo de debilitamiento para Chandra o la Luna.

Tendencias mentales de los escorpianos: las personas nacidas en el signo de Escorpio son individuos reservados, apasionados, centrados, intensos y decididos. Pero pueden ser obsesivos e inflexibles, con gustos y aversiones particularmente fuertes. A los Escorpio les resulta difícil permanecer inactivos y trabajan mejor cuando se enfrentan a obstáculos y dificultades. Nunca se rinden y luchan hasta el final.

Pueden mostrarse tranquilos por fuera incluso cuando sufren una agitación interior, gracias a sus fuertes emociones y a su compleja capacidad imaginativa. Son malhumorados y temperamentales y no olvidan ni perdonan fácilmente. Pueden ser buenos amigos, pero también el peor enemigo. Por lo tanto, nunca tienen amigos para toda la vida.

Son bastante astutos y excelentes detectives, teniendo en cuenta su capacidad para ocultar sus verdaderas emociones y su personalidad. También tienen buenas habilidades psíquicas. Sin embargo, son bastante celosos y se aferran a los sentimientos de venganza. Aunque son testarudos, los nacidos en Escorpio son individuos carismáticos y hechos a sí mismos.

Curiosamente, el signo Escorpio representa dos tipos: el tipo superior, con gran control de sus sentidos, y el tipo inferior de Escorpio, que es rudo, celoso y buscador irreconciliable de placeres materialistas.

Apariencia física: Con un cuerpo bien proporcionado, los Escorpiones suelen ser guapos. Son de estatura media, anchos y de presencia imponente. Suelen ser corpulentos y suelen tener la cara cuadrada. La mayoría son de tez oscura, a menos que su ascendente esté afectado por un planeta maléfico.

Salud: Las enfermedades y problemas de los escorpianos se dan en la vejiga, el hueso pélvico, las glándulas prostáticas, las vesículas seminales y otros. Pueden verse afectados por afecciones cerebrales, coma, neuralgia, insomnio y sonambulismo.

Consejos básicos de precaución: Los escorpianos deben controlar su sarcasmo y su actitud excesivamente crítica. Deben evitar el egoísmo y la animosidad secreta. El aspecto negativo de Escorpio es su capacidad para crear anarquía y destrucción. Lo mejor es conocer este defecto y trabajar para evitar que su personalidad adopte estos hábitos.

Capítulo 8: El cielo de arriba: Sagitario, Capricornio, Acuario y Piscis

Este capítulo trata de los cuatro últimos signos del Zodíaco. Continúe leyendo para descubrir más sobre estos cuatro.

Sagitario - Dhanush Rashi

Sagitario o Dhanush Rashi es propiedad de Júpiter o Gurú, que también es dueño de Piscis. El Mooltrikona de Sagitario es Sagitario. El símbolo de Sagitario es el arquero, y a veces, el Centauro lo representa. Dhanush Rashi es un signo de exaltación para Ketu y un signo de debilitamiento para Rahu.

Tendencias mentales de Sagitario: Sagitario es un signo dual y masculino conectado con el elemento fuego. Las personas nacidas en el signo de Sagitario son individuos francos, audaces y optimistas. Pueden ver el lado positivo de todas las cosas, independientemente de lo dura o difícil que sea una situación. Son los mejores cuando se enfrentan a obstáculos. Están dotados de gran vigor, vitalidad, energía y entusiasmo.

Son idealistas y les encanta viajar. Se sienten atraídos por la espiritualidad y la religión y tienen una fuerte fe. Son decididos e incluso prepotentes hasta cierto punto. Pero son personas muy joviales, justas y amistosas. Pueden adoptar un comportamiento empresarial, aunque acaban prometiendo más de lo que pueden cumplir.

Su estilo de comunicación es expansivo y franco. Pueden ser muy francos. Les encanta predicar y enseñar y se desenvuelven bien en los campos del derecho, la medicina, la enseñanza y la religión.

Apariencia física: Con un físico bien desarrollado y proporcionado, las personas nacidas bajo el signo de Sagitario son altas y delgadas, con un rostro alargado u ovalado. Tienen una frente grande y cejas pobladas o altas. Tienen ojos expresivos y una presencia encantadora. Se quedan calvos pronto, sobre todo cerca de las sienes.

Salud: Las partes del cuerpo relativas a la salud y las enfermedades son los muslos, las caderas, las nalgas, etc. Por lo tanto, las enfermedades indicadas son las fracturas de cadera, el reumatismo, la gota, los problemas pulmonares, etc.

Consejos básicos de precaución: Los sagitarianos deben tener cuidado de no herir o insultar a los demás con su forma de comunicarse demasiado franca y sin tapujos. Es importante que no desarrollen enemistad con sus padres y hermanos. Es probable que fracasen en el frente doméstico y no consigan la independencia que buscan en su vida doméstica. Por lo tanto, será necesario que se adapten. También es necesario que no exageren y hablen sin parar utilizando mentiras, promesas irrealizables e insultando o hiriendo a los demás.

Capricornio - Makar Rashi

Saturno o Shani es el dueño de Capricornio o Makar Rashi. Capricornio es un signo femenino móvil relacionado con el elemento tierra. El símbolo de Capricornio es la cabra. Capricornio es un signo de exaltación para Mangala o Marte y un signo de debilitamiento para Gurú o Júpiter.

Tendencias mentales de los individuos nacidos en Capricornio: Las personas nacidas en Capricornio son individuos prácticos, prudentes, inteligentes y con los pies en la tierra. Son personas serias, ortodoxas y reservadas. Son muy metódicos y perseveran en sus tareas.

Les encanta viajar. Gracias a su gran perseverancia, ascienden a la cima de forma lenta, pero constante, y se convierten en personas hechas a sí mismas. Tienen una gran habilidad para los negocios, la organización y la gestión. Las personas de Capricornio son reflexivas, pacientes y tolerantes con los demás. No confían fácilmente en los que les rodean. Son caprichosos y deseosos de poder, autoridad y riqueza.

Apariencia física: Con una nariz prominente, larga y delgada, las personas nacidas bajo el signo de Capricornio suelen ser de baja estatura a su corta edad, pero se vuelven altas repentinamente después de los 16 años. Es probable que se vuelvan jorobados con el avance de la edad. Suelen tener un defecto al caminar.

Consejos básicos de precaución: Deben aprender a no ser muy pesimistas, egocéntricos y egoístas. Deben aprender a no tener el corazón roto ni estar desesperados. Evitar el exceso de trabajo y descansar para mantener la salud física y mental. Los nacidos en este signo deben tener cuidado de no dejarse llevar por el descontento y el nerviosismo indebido.

Acuario - Kumbh Rashi

Acuario o Kumbh Rashi es propiedad de Shani, para quien este es el Mooltrikona también. Además, Rahu es el co-regente de Acuario. El símbolo de Acuario es el portador de agua. Acuario es un signo del Zodiaco fijo y masculino que representa el elemento aire. Kumbh Rashi no es un signo de exaltación o debilitamiento para ningún planeta.

Tendencias mentales de los individuos de Kumbh Rashi: Las personas nacidas en el signo de Acuario son pensadores abstractos. Son individuos con conciencia social. Al igual que los nacidos en Capricornio, los nacidos en Acuario también son serios y reflexivos, pero son más comunicativos. Son obstinados y de pensamiento rígido. No les gusta moverse ni cambiar de situación. Tienen una mentalidad científica y orientada a la investigación. Son muy trabajadores y tienen una excelente capacidad de organización.

Son extraordinariamente inteligentes e inventivos y pueden pensar con antelación. Son creativos y hacen amigos con facilidad, pero tienen fuertes gustos y aversiones. Son muy altruistas y desinteresados. También son rebeldes y les encanta predicar el cambio, aunque ellos mismos se resisten a los cambios de cualquier tipo. También tienen un gran autocontrol. Tienen ideas fuertes e innovadoras y son individuos que piensan por sí mismos. Pueden ser tercos, pero no son temerarios.

Apariencia física: Las personas nacidas en este signo suelen tener una estatura alta. Tienen un físico bien desarrollado y fuerte y se vuelven un poco corpulentos durante la edad madura. Sin embargo, tienen una personalidad atractiva y agradable.

Salud: los Kumbh Rashi son muy susceptibles a las enfermedades infecciosas. También podrían tener afecciones relacionadas con el corazón, incluyendo reumatismo y presión arterial.

Consejos básicos de precaución: Si cualquier otro aspecto adverso de un planeta aflige al planeta ascendente o a Saturno, entonces el nativo es probable que sea perezoso y letárgico. Tales personas deben cultivar el trabajo duro y ser activos y rápidos. No deben estar solos ni preocuparse en exceso. Evitar el pesimismo y la melancolía. También deben cuidarse de ser irrazonablemente rígidos en cuanto a sus gustos y disgustos.

Piscis - Meena Rashi

Júpiter es el dueño de Piscis o Meena Rashi. Piscis es un signo dual, femenino, relacionado con el elemento agua. El símbolo de Piscis es el pez. El signo de Piscis es un signo de exaltación para Venus o Shukra y un signo de debilitamiento para Mercurio o Buda.

Tendencias mentales de los individuos nacidos en Piscis: Las personas nacidas en el signo de Piscis son emocionales, sensibles y bastante impresionables. Los piscianos tienden a ser soñadores y románticos, con una actitud bondadosa, caritativa y de entrega e indulgencia. Les gusta la música y las artes y están algo desconectados de la realidad. Son débiles en la actividad física y mental y confían en los demás con facilidad. Son filosóficos y tienen una actitud apasionada ante la vida.

Pueden ser malhumorados y temperamentales y, sin embargo, tienen un enfoque espiritual y meditativo de la vida y sus problemas. Les gusta estar solos y a menudo entran en un estado de ánimo reflexivo. Son olvidadizos y tienen tendencia a tener sueños y visiones psíquicas. Son simpáticos y suavemente magnéticos y tienen una actitud alegre. Tienen una visión liberal, pero les falta confianza y determinación. Pueden llegar a ser indecisos hasta ese punto.

Aspecto físico: Los piscianos suelen tener un cuerpo relleno y una estatura baja. Tienen una cara carnosa y tendencia a la papada. Sus hombros son esféricos y musculosos.

Salud: Los piscianos pueden ser adictos a la bebida. Los indicadores de salud para ellos incluyen problemas gástricos y venas varicosas. También se indican afecciones en el hígado y en los pies.

Consejos básicos de precaución: Los piscianos se dejan impresionar con facilidad y, por lo tanto, podrían acabar haciéndose amigos de personas que fingen, perjudicándose a sí mismos. Por lo tanto, es importante que las personas nacidas en el signo de Piscis tengan cuidado y sean exigentes al hacer amigos. Los piscianos también tienen que aprender a ser insistentes. Pueden ser generosos, pero hay que advertirles que no deben ser demasiado liberales.

Capítulo 9: Cartas Divisorias

Ahora que tiene los fundamentos de los planetas, estrellas y Rashis en su lugar, podemos pasar a la astrología predictiva utilizando una técnica única de la astrología védica llamada *cartas divisionales*. El crédito del éxito para hacer predicciones precisas es en gran parte contribuido por estas cartas divisionales, que también son conocidas como *cartas Varga*.

Varga es un término sánscrito que significa "división" llamado *signo del Zodiaco o división Rashi*. Cada división o parte fraccionaria se llama "*amsa*". Aquí hay una explicación simple para usted. Ya sabe que cada signo del Zodiaco tiene 30 grados en su espacio. En estas cartas, este signo de 30 grados se subdivide a su vez en diferentes números de divisiones iguales o amsas.

Cada planeta se mapea de nuevo en cada uno de estos amsas dando como resultado las cartas divisionales de un nativo. Cada amsa tiene una influencia en la vida del nativo. La astrología védica utiliza 16 Vargas o cartas divisionales que resultan en un sistema único para encontrar los efectos auspiciosos o desfavorables de los planetas.

El Sistema Parashará de Astrología utiliza estas 16 cartas divisionales para la astrología predictiva. En la carta Rashi, las 12 regiones corresponden a los 12 signos del Zodiaco. Si hay dos divisiones, significa que cada casa o región está dividida en dos amsas o partes, lo que resulta en 24 regiones. Y así sucesivamente.

- **La carta Rashi** (solo una división) llamada *D1* se utiliza para predecir detalles sobre los asuntos físicos del nativo, incluyendo su cuerpo, estado de salud y otros asuntos generales. La carta Rashi es la básica donde comienza el estudio del horóscopo de un nativo.

- **La carta Hora** (con 2 divisiones) llamada *D2* trata de la riqueza y la familia. La D2 ayuda a entender la posición financiera y los asuntos del nativo. Una posición fuerte del Sol en esta carta significa que la cantidad de riqueza que posee el nativo será muy buena. Si la Luna tiene una posición fuerte, ganar dinero será fácil para el nativo.

- **La carta Drekkana** (con tres divisiones) que trata de los hermanos y la naturaleza del nativo se llama *D3*. Los planetas en ciertas divisiones de esta carta pueden ser un mal presagio. Por ejemplo, si los planetas están en la Drekkana Sarpa, entonces no se considera bueno para el estado de salud del nativo.

- **La carta Chaturthamsa** (con cuatro divisiones) llamada *D4* se ocupa de los asuntos relacionados con la fortuna y la propiedad.

- **La carta Saptamsa** (con siete divisiones) llamada *D7* se ocupa de los aspectos de los hijos y la progenie.

- **La carta Navamsa** (con nueve divisiones) llamada *D9* se utiliza para predecir el cónyuge (o esposa), el dharma y las relaciones del nativo en cuestión. Después de la Carta Rashi, la carta Navamsa es la más importante utilizada en la astrología védica predictiva. Si un planeta está exaltado en la carta Rashi, pero debilitado en la D9, entonces el planeta puede no ser beneficioso. Curiosamente, el señor de la división 64 en D9 es un indicador de longevidad y Marala Dasa (conectado a la muerte) del nativo.

- **La carta Dasamsa** (con diez divisiones) llamada *D10* trata de la profesión del nativo y sus interacciones en la sociedad.
- **La carta Dvadamsa** (con 12 divisiones) o *D12* se ocupa de los padres
- **La carta Shodasamsa** (con 16 divisiones) o *D16* es para los viajes, los vehículos y las comodidades.
- **La carta Vimsamsa** (con 20 divisiones) o *D20* es para las búsquedas espirituales.
- **La carta Chatur Vimsamsa** (con 24 divisiones) o *D24* es para la educación, el conocimiento y el aprendizaje.
- **La carta Sapta Vimsamsa** (con 27 divisiones) o *D27* es para las fortalezas y debilidades del nativo.
- **La carta Trimsamsa** (con 30 divisiones) o *D30* es para los males, la mala suerte y los fracasos.
- **La carta Khavedamsha** (con 40 divisiones) o *D40* es para el legado materno.
- **La carta Akshavedamsa** (con 45 divisiones) o *D45* es para el legado paterno.
- **La carta Shastiamsa** (con 60 divisiones) o *D60* es para los nacimientos parciales y el karma

Además de los 16 Vargas anteriores atribuidos a Parashará, hay cuatro más atribuidos a Jaimini. Estos cuatro Vargas o cartas de división incluyen:

- **Panchamsa** (con cinco divisiones) se llama *D5* y representa la fama y el poder.
- **Shasthamsa** (con seis divisiones) se llama *D6* y representa la salud.
- **Ashtamsa** (con ocho divisiones), o *D8* que representa los problemas inesperados.

- **Ekadasamsa o Rudramsa** (con 11 divisiones) que representa la muerte y la destrucción.

El mayor reto a la hora de elaborar cartas divisionales tan detalladas es que rara vez se obtiene la hora exacta de nacimiento de una persona. Incluso una diferencia de un minuto en la anotación de la hora de nacimiento podría afectar a la precisión. La hora exacta de nacimiento es esencial porque, de lo contrario, el Lagna y otras posiciones planetarias pueden cambiar significativamente, lo que hace que las cartas que se utilizan para hacer predicciones sean erróneas. Pero hay casos, especialmente cuando el padre es médico y asistió al nacimiento, en los que se han registrado las horas de nacimiento correctas. Entonces es posible crear cartas precisas para el nativo.

De todas las cartas anteriores, la carta Rashi es la principal, y todas las demás cartas divisionales y la información recibida de ellas se relacionan con esta. Por ejemplo, si Júpiter está en el Mool Trikona en la carta Rashi y está en un signo de debilitamiento en D10 o en la carta Dasamsa, que trata de la profesión y la carrera del nativo. El debilitamiento de Júpiter debería indicar que el nativo podría ser un mal jefe al que la gente teme y odia en su lugar de trabajo. La décima casa y el señor de la décima casa en la carta D10 es importante para las predicciones relacionadas con la carrera.

En todas las cartas divisionales, las casas Kendra son las más importantes. Si las casas Kendra tienen buenos planetas en ellas, entonces es probable que la carrera del nativo vaya bien. Por lo tanto, el análisis de la carta Rashi le dará información sobre la profesión o la carrera del nativo, mientras que el análisis de la D10 le dará información sobre el progreso y la calidad.

Continuando, los planetas benéficos dependen del Lagna. Por lo tanto, para un análisis correcto y completo de la carrera de un nativo, sería necesario comprobar el Lagna, las posiciones del Sol y la Luna, y la décima casa desde el Lagna. El mismo procedimiento debería utilizarse para predecir con precisión otros aspectos de la vida de un nativo utilizando las otras cartas de división.

Los planetas se vuelven cada vez más benéficos y auspiciosos si ocupan la misma casa del Zodiaco en las 16 cartas de división. Los planetas se clasifican en función de este elemento. Si un planeta está estacionado en su propio signo o en el signo Mooltrikona o en cualquier otro signo benéfico en dos de las 16 Vargas, se dice que ha logrado Parijat Amsa.

Si el planeta adquiere esta condición en tres cartas divisionales cualesquiera, se dice que ha logrado Uttam Amsa. Esta gradación de un planeta aumenta con el número de Vargas con esta condición, y los nombres de estado para cada planeta son:

- En cuatro Vargas - Gopuramsa
- En cinco Vargas - Simhasana amsa
- En seis Vargas - Paravatmasa
- En siete Vargas - Devlok amsa
- En ocho Vargas - Kumkumamsa
- En nueve Vargas - Iravatamsa
- En diez Vargas - Vaishnavamsa
- En 11 Vargas - Saivamsa
- En 12 Vargas - Bhaswadansa
- En 13 Vargas - Vaisheshikamsa
- En 14 Vargas - Indrasanamsa
- En 15 Vargas - Golokamsa
- En 16 Vargas – Shrivallabhamsa

Implicación e importancia de las cartas divisionales

Las cartas divisionales son esenciales para un análisis detallado de cualquier horóscopo. Uno de los propósitos principales es observar la colocación de un planeta en diferentes cartas. Si un planeta en particular está en una posición fuerte en muchas divisiones, entonces es fuerte. Si está en lugares débiles, entonces el planeta es débil.

Un planeta situado en un signo del Zodiaco o Rashi por sí mismo se llama un *"yoga"* o un *"avayoga"* debido a la relación que el planeta establece con el señor de ese Rashi, así como con los señores de los otros Rashis relacionados, especialmente en conexión con el Lagna. Es importante señalar que la mera ocupación de un planeta en un Rashi no producirá los resultados o efectos acordes con dicha ocupación.

Esto se debe a que ningún planeta puede actuar solo. Cada planeta establece relaciones activas con uno o más planetas y el Rashi que ocupa, y el estatus Varga ganado por el planeta y otros múltiples factores. Si un yoga no da el resultado esperado, la razón podría ser cualquier cosa. Por ejemplo, podría ser la debilidad de la Varga del planeta en lugar del planeta mismo.

Tomemos un ejemplo para entender este concepto. El Sol en la novena casa no en ningún signo hostil da riqueza, amigos, piedad e hijos al nativo, aunque esta posición puede impulsar el antagonismo hacia el padre y la esposa, habiendo reducido la felicidad. Si el Sol es el señor del Lagna y está en la novena casa exaltada, entonces el nativo y su padre pueden tener una gran relación, y no tiene por qué haber ninguna reducción de los tiempos felices. Por lo tanto, los resultados negativos esperados son contados por otros factores definidos a partir de las cartas divisionales.

A continuación, hay más ejemplos del uso de las cartas divisionales para las predicciones.

Planetas en Navamsa que afectan a la vida futura: La carta Navamsa o D9 representa al cónyuge y el matrimonio y la dignidad de los planetas. Esta carta debe ser consultada para asuntos relacionados con el matrimonio, además de ser una de las cartas divisionales más importantes utilizadas para otras predicciones. D9 es importante porque se considera el fruto si D1 o la carta Rashi es el árbol. El Navamsa significa la auténtica dignidad de un planeta porque representa que los planetas dan sus efectos o frutos a través de sus Dasas.

Desde un contexto filosófico, D9 representa el proceso de pensamiento que el nativo desarrollaría después de experimentar la vida y aprender de estos eventos. De ahí surge el concepto de que D9 desencadena la vida futura, o al menos más adelante en el dasa actual. Y la misma lógica apoya la idea de que un planeta en una posición fuerte en D9 está destinado a dar mejores resultados más adelante en el tiempo o más tarde durante su dasa. El Navamsa representará su aprendizaje de las lecciones de vida que el planeta le ofreció.

Otro elemento clave que hay que recordar es que la idea de los signos de exaltación y debilitamiento son más significativos en la D1 que en cualquier otra carta divisional. Según el sabio Parashará, los signos de exaltación o debilitación y los grados específicos están claramente definidos. Por ejemplo, Chandra está exaltado en el segundo pada de Krittika, que es el primer Navamsa de Tauro. En el segundo Navamsa de Tauro se convierte en el Mooltrikona de Chandra.

En Navamsa o cualquier otra carta divisional, el segundo pada de Krittika no cae después de la primera pada de Krittika. Por lo tanto, con la exaltación y el debilitamiento, las longitudes o grados se vuelven irrelevantes. Solo el D1 debe ser considerado para este aspecto. Por lo tanto, en este caso particular, Chandra en la segunda pada de Krittika no resultará en nada malo en la vida posterior o en la parte posterior de Chandra Dasa.

Otro punto de interés es que, si un planeta es débil en la Carta Rashi, su posición no mejora significativamente, incluso si está en una posición sólida en cualquiera de las cartas divisionales. Lo contrario es, pero diferente. Si un planeta está en una posición fuerte, su fuerza se reduce si se coloca en una posición de debilitamiento en la carta divisional considerada.

He aquí un ejemplo para ilustrar esto. Supongamos que su carta Rashi tiene al señor de la décima casa en una posición exaltada. Si el astrólogo en cuestión ha predicho buena fortuna en su carrera basándose en esto sin comprobar la carta divisional relevante, entonces esta predicción puede no hacerse realidad. Tal vez el mismo planeta esté en un signo de debilitamiento en la D10 (carta divisional de la carrera). Por lo tanto, las predicciones correctas, en este caso, solo pueden obtenerse comprobando y verificando las cartas D1 y D10.

En resumen, podemos decir esto sobre las cartas divisionales. Las Cartas de Rashi son como el cuerpo humano, que le da una comprensión general de la vida de una persona. Si usted quiere formas detalladas de cómo están funcionando los sistemas internos, tendría que hacer un ECG o una biopsia u otras pruebas relacionadas con esa parte en particular, ¿verdad? Las cartas divisionales son como estos estudios detallados que le proporcionan información sobre áreas específicas de su vida.

Capítulo 10: Fortalezas planetarias y avasthas

Después de las cartas divisionales, nos centraremos en otra poderosa técnica de predicción utilizada en la astrología védica, más precisamente, las fortalezas planetarias. Los diferentes posicionamientos longitudinales de los planetas combinados con un concepto llamado "*fuerza séxtuple*" es una poderosa herramienta usada para niveles de predicción más altos.

Empecemos por entender qué es avastha. Es un concepto importante en el mundo de la astrología védica. Avastha en sánscrito se traduce como "etapa", "estado" o "nivel". Se refiere al estado o etapa de los planetas. Hay muchos tipos de avasthas, el más básico y muy útil para los principiantes es el "Baladi Avastha".

En los signos impares del Zodíaco, es decir, Aries, Géminis, Leo, Libra, Sagitario y Acuario, cualquier planeta se encuentra en los siguientes avasthas según los grados:

- De 0 a 6 grados: Se dice que el planeta está en su avastha de infancia, durante el cual tendrá efectos mínimos sobre el nativo.

- De 6 a 12 grados: Se dice que el planeta está en su avastha de adolescencia, y durante este período se pueden experimentar todos sus efectos potenciales.
- De 12 a 18 grados: En este estado de madurez, el planeta desplegará todo su potencial.
- De 18 a 24 grados: En esta etapa de vejez, el planeta tendrá efectos limitados.
- De 24 a 30 grados: Durante los últimos 6 grados del Zodiaco (estado cercano a la muerte), el planeta tendrá efectos muy mínimos, si es que los tiene.

En los signos pares del Zodíaco, es decir, Tauro, Cáncer, Virgo, Escorpio, Capricornio y Piscis, los planetas se encuentran en los siguientes avasthas según los grados longitudinales:

- De 0 a 6 grados: Avastha cercano a la muerte
- De 6 a 12 grados: Avastha viejo
- De 12 a 18 grados: Avastha maduro
- De 18 a 24 grados: Avastha adolescente
- De 24 a 30 grados: Avastha cercano a la muerte

Estas medidas de grados no deben tomarse literalmente, sino que deben considerarse de forma liberal. Según los grados, esta diferenciación implica que los planetas que se encuentran un poco en el centro de un signo del Zodiaco (entre 12 y 18 grados) producen sus máximos efectos. Un planeta hacia los extremos de los signos tiende a mezclarse con el signo siguiente o anterior y no está muy coloreado por la Rashi actual. Desde una perspectiva matemática, el punto de 15 grados se encuentra en el punto muerto de un signo, y es el más afectado por las características de ese signo.

Significado de la fortaleza residencial de un planeta

Todo horóscopo tiene un signo ascendente llamado Lagna o ascendente. Es uno de los 12 signos del Zodiaco, por supuesto. Pero, según la hora precisa de nacimiento, el Lagna tendrá un grado exacto dentro de ese signo entre 0 y 30. Este grado se convierte en un punto importante de cada signo para el horóscopo de ese nativo.

Tomemos un ejemplo. Supongamos que el signo ascendente es Capricornio a 20 grados para una persona. La segunda casa para esta persona sería Acuario. El grado 20 de la segunda casa será el centro exacto del segundo bhaav, que representa el habla, la familia, la riqueza, el dinero, etc.

Un planeta en cualquier signo en exactamente 20 grados de una casa tendrá el 100% de la fuerza residencial y dará todo su potencial de efectos. La fuerza del bhaav será buena entre 15 y 25 grados (más o menos 5 grados). Más allá de este límite, el bhaav de ese signo disminuirá con cada grado que se aleje de los 20 grados.

En el mismo ejemplo, si un planeta está a 4 grados de un signo determinado, según el Baladi Avastha, pertenece al signo anterior. Por ejemplo, si un planeta está a 2 grados en Acuario (el segundo signo), entonces, aunque esté en la segunda casa, el bhaav del signo anterior estará en vigor.

Significado de la colocación de los Nakshatra

Para reiterar, hay 12 signos del Zodiaco de 30 grados cada uno y 27 Nakshatras o asterismos de 13 grados, 20 minutos cada uno. Estos 27 Nakshatras están regidos por los nueve planetas, es decir, Ketu, Shukra, Surya, Chandra, Mangala, Rasu, Gurú, Shani y Buda (los primeros nueve asterismos respectivamente). La misma secuencia de señores de los planetas se mantiene entonces para los siguientes 9 Nakshatras, y de nuevo para el tercer conjunto de nueve Nakshatras.

La situación anterior significa que cada uno de los nueve planetas rige tres Nakshatras equidistantes entre sí. Usted ya sabe que el Nakshatra en el que se encuentra la Luna en el momento del nacimiento de una persona se convierte en el Nakshatra de nacimiento del nativo. Los planetas en los Nakshatras tercero, quinto y séptimo desde el Nakshatra de nacimiento de una persona serán débiles y le darán efectos maléficos. Los planetas en los asterismos segundo, sexto y noveno darán efectos benéficos, y los planetas en los asterismos primero, cuarto y octavo serán neutrales, aunque ligeramente inclinados a dar efectos positivos para el nativo en cuestión.

Importancia de las fortalezas planetarias en las cartas Varga

El Sabio Parashará, además de definir las 16 cartas Varga, también dio un esquema ponderado para atribuir la importancia de estas cartas para analizar los horóscopos y hacer predicciones. Este esquema ponderado es útil para obtener un análisis cuantitativo de los efectos de los planetas utilizando las puntuaciones de cada planeta obtenidas mediante este esquema. Cuanto mayor sea la puntuación de un planeta, mejores serán los resultados de ese particular en su Vimshottari Dasa. Las puntuaciones altas reflejan los poderes de fructificación del planeta en cuestión.

El esquema ponderado dado por el Sabio Parashará utiliza solo seis de las 16 cartas divisionales y es:

- Carta Rashi (D1) - 6 puntos
- Carta Hora (D2) - 2 puntos
- Carta Drekkana (D3) - 4 puntos
- Carta Navamsa (D9) - 5 puntos
- Carta Dwadasamsa (D12) - 2 puntos
- Carta Trimsamsa (D30) - 1 punto

Cada planeta tiene una puntuación potencial total de 20 puntos. Para reiterar, los efectos de exaltación y debilitamiento de los planetas en las cartas divisionales no tienen valor. La siguiente secuencia de casas denota el valor decreciente de los efectos beneficiosos que ofrece cualquier planeta:

- Casa Mooltrikona
- Casa propia
- Casa del mejor amigo
- Casa de un amigo
- Casa neutra
- Casa enemiga
- Gran casa enemiga

El sabio Parashará también definió la ponderación para cada una de las colocaciones de los planetas. Usemos un ejemplo para ilustrar este esquema de ponderación usado en la Astrología Védica. Supongamos que Mooltrikona es 100%, 90% a la casa propia, y así sucesivamente. Luego, supongamos que un planeta se encuentra en el Mooltrikona en D1 y su propia casa en D9, en la casa de un mejor amigo en otra carta divisional, y así sucesivamente. Entonces, el esquema de ponderación es el siguiente 100% de 6 + 90% de 5 +.......... (contribuciones similares de las otras seis cartas divisionales que se rellenarán aquí) para obtener la puntuación total sobre 20.

Este total del esquema de ponderación le dará un valor numérico, que es un buen indicador de cómo se comportará el planeta en su Vimshottari Dasa. La razón por la que el sabio Parashará utilizó este esquema de ponderación es bastante evidente. Como ya sabe, las cartas Varga representan los diferentes aspectos de nuestra vida. Por ejemplo, D1 da una visión general de la vida de un nativo, D9 es para el matrimonio y el cónyuge, D3 es para los hermanos, D10 es para la carrera, etc., todos los cuales son los sistemas de apoyo de nuestra vida. Por lo tanto, la posición del planeta refleja la profundidad y el nivel de estos sistemas de apoyo. Cuanto mejor sea la puntuación numérica, mejores serán los efectos beneficiosos de ese planeta.

Shadbala - La séxtuple fuerza en la astrología védica

Cualquier planeta o Graha obtiene fuerza de varias fuentes, incluyendo el Rashi, Varga, Bhava, Día o noche, Krishna/Shukla Paksha, y más. Krishna Paksha es la quincena que comienza desde el día de luna llena (Poornima) hasta el día de luna nueva (Amavasya). Shukla Paksha es la otra quincena que comienza desde el día de luna nueva hasta el día de luna llena.

Shadbala es un sistema matemático utilizado para cuantificar la fuerza de un planeta obtenida a través de seis fuentes. Este número que representa la fuerza de un planeta es una herramienta importante para entender el impacto real del planeta en cuestión en los diferentes aspectos de la vida de un nativo. En los Brihat Parashará Hora Shastras se dan explicaciones detalladas y extensas sobre la evaluación de la fuerza de un planeta. La unidad de fuerza se mide en Virupas.

El cálculo matemático dado por el Sabio Parashará es bastante complejo y estratificado. Pero la mayoría de los astrólogos experimentados pueden evaluar rápidamente la fuerza de un planeta haciendo un modelo mental. Veamos las seis fuentes de fuerza utilizadas en Shadbala.

- **Sthana Bala:** La fuerza de un planeta extraída de las diversas posiciones y estaciones que toma en la Carta Rashi y otras cartas Varga se llama *Sthana Bala* o fuerza del lugar ocupado.
- **Dik Bala:** Esta fuente de fuerza de un planeta se extrae de sus colocaciones en Kendras específicos.
- **Kala Bala:** La fuerza de un planeta que depende del tiempo de un evento o del nacimiento de una persona se llama Kalabala.
- **Chesta Bala:** La fuerza extraída del movimiento del planeta se llama *Chestbala*. El movimiento de un planeta significa si se mueve rápido, lento, hacia adelante o hacia atrás.

- **Naisargika Bala:** Esta fuente de fuerza depende del poder natural (o fuerzas) y de la debilidad de un planeta.
- **Drgbala:** La fuerza extraída del planeta maléfico y benéfico se llama *drgbala*. Los planetas benéficos (o shubh grahas) son fuentes de fuerza, mientras que un planeta maléfico (o papa Graha) es una fuente de debilidad.

Veamos cada fuerza en detalle.

Sthana Bala o la fuerza posicional de un planeta.

El Sthana Bala de un planeta se basa en su "colocación" o "posición" como se ha explicado anteriormente y representa el factor "lugar". "Sthana" en sánscrito se traduce como "lugar". La fuerza máxima del Sthana Bala que puede alcanzar un planeta es de 390 Virupas que comprenden las fuerzas derivadas de los seis componentes que se comentan a continuación:

- **Uccha Bala:** Esta posición indica la distancia del planeta a su punto de exaltación más profundo. Cuanto más cerca esté esta distancia, más fuertes serán los efectos del planeta. Fuerza máxima - 30 virupas
- **Saptavargaja Bala:** Indica el poder de un planeta en siete cartas divisionales, incluyendo el Rashi Hora Drekkana Saptamsa, Navamsa, Dwadasamsa y Trimvimsa. Fuerza máxima - 225 Virupas
- **Ojayuggama Bala:** Oja se traduce en masculino o impar, yumna en femenino o par. Este tipo de Sthana bala proviene de planetas masculinos y femeninos colocados en signos del zodiaco masculinos y femeninos. Los planetas femeninos en signos femeninos y los planetas masculinos en signos masculinos obtienen esta fuente de fuerza. Un planeta masculino en un signo femenino o un planeta femenino en un signo masculino no obtienen esta fuerza. Fuerza máxima - 30 virupas

- **Kendradi Bala:** La primera, cuarta, séptima y décima bhaavs o casas se conocen colectivamente como Kendra. La segunda, la quinta, la octava y la undécima se conocen como sucedentes o panapara. La tercera, sexta, novena y duodécima se conocen como casas precedentes o apoklima. Los planetas en el Kendra son los más fuertes, y los que están en el apoklima son los más débiles. Los planetas situados en las casas panapara son de fuerza media. Fuerza máxima - 60 virupas

- **Drekkana Bala:** Los planetas masculinos, es decir, Sol, Marte y Júpiter, obtienen su fuerza máxima en el primer drekkana (la casa del propio signo). Los planetas femeninos, es decir, la Luna y Venus, obtienen toda su fuerza en el segundo drekkana (quinta casa desde el Rashi). Los planetas eunucos, a saber, Mercurio y Marte, obtienen su plena fuerza en el tercer drekkana (la novena casa) de una Rashi o casa. Fuerza máxima - 15 virupas.

De la discusión anterior, está claro que, si un planeta alcanza el máximo Saptavargaja bala, entonces el quantum de otros Sthana bala se vuelve insignificante.

Dik Bala - La fuerza direccional

Este tipo de fuerza planetaria se deriva de los cuatro Kendras, que representan las cuatro direcciones o Dik. Lagna representa el Este. Júpiter y Mercurio obtienen su Dik bala aquí. La séptima casa desde Lagna representa el Oeste. Shani obtiene su Dik bala en esta casa. La décima casa representa el Sur. Marte y el Sol obtienen su dik bala en la décima casa. La cuarta casa representa el Norte, donde la Luna y Venus obtienen su dik bala.

Y los elementos o tattva que rigen el Lagna son el Akasha (éter) y el Prithvi (tierra). El elemento que rige la cuarta casa es Jala (agua), el que rige la séptima casa es Vayu (viento) y el que rige la décima casa es Agni (fuego). Cuando los planetas están en sus dik balas, entonces el tattva que rige estas casas también adquiere gran prominencia y fuerza, resultando el nativo bendecido por el tattva devata.

Kala Bala - La fuerza del tiempo

Este tipo de fuerza planetaria depende del tiempo, como las horas, el día, la noche, la quincena, el mes, el año, etc. Cada planeta es fuerte en algunos momentos y débil en otros. La fuerza máxima que se puede alcanzar mediante el Kala bala es de 390 virupas. Hay cinco componentes en el Kala bala, que incluyen:

- **Natonnata Bala:** Este tipo de fuerza se basa en el día o la noche. Algunos planetas son fuertes durante la noche y otros durante el día. El Sol, Júpiter y Venus son más fuertes al mediodía. Luna, Marte y Shani son más fuertes a medianoche. Mercurio es fuerte durante todo el día. Fuerza máxima - 60 virupas

- **Tribhaga Bala:** En este tipo, el día y la noche se dividen en 3 partes cada uno. Entonces, seis planetas (excluyendo a Júpiter) obtienen su máxima fuerza en diferentes porciones del día y la noche. Mercurio, Sol y Saturno son fuertes en la primera, segunda y tercera posición del día, respectivamente. Luna, Venus y Marte son fuertes en la primera, segunda y tercera posición de la noche, respectivamente. Júpiter es fuerte en las seis porciones. Fuerza máxima - 60 virupas

- **Paksha Bala:** Algunos planetas son fuertes durante Krishna Paksha, mientras que otros son fuertes durante Shukla Paksha. Los planetas benéficos o shubh Grahas Chandra, Mercurio, Júpiter y Venus son más fuertes durante Poornima. Los planetas maléficos son más fuertes durante Amavasya. La fuerza máxima - 60 virupas.

- **Varsha-Maas-Dina-Hora Bala:** Diferentes planetas gobiernan varios segmentos de tiempo. Comienza con el regente del año (Abda - año solar), que se subdivide en cuatro componentes, es decir, mes (Maas - mes solar), semana (Vara o Dina - día de la semana védica), y hora (hora - hora graha). Cada uno de estos cuatro componentes es más fuerte que el anterior en un 25%, por lo que el Señor Hora es el más fuerte de los cuatro. El Señor Vara, que es el segundo más fuerte, es el Señor Hora al amanecer. El Señor Masa, el tercero más fuerte, es el Señor Hora durante el tránsito del Sol de un signo del Zodiaco al siguiente. El Señor Abda, el más débil de los cuatro componentes, es el Señor Hora ahora cuando el Sol entra en Aries. - Fuerza máxima - 150 virupas.

- **Ayana Bala:** Esta fuente de Kala Bala depende de los movimientos de los planetas en las direcciones Uttarayana o Dakshinayana. Fuerza máxima - 60 virupas.

Chesta Bala - La fuerza del movimiento de los planetas

Chesta en sánscrito se traduce como "esfuerzo", y la fuente de Chesta bala viene determinada por los esfuerzos o movimientos realizados por los planetas. Se considera que un planeta que se mueve de forma constante realiza menos esfuerzos, y cuando se mueve de forma retrógrada, se considera que realiza un esfuerzo máximo. Un movimiento retrógrado puede compararse con el movimiento a contracorriente, que requiere un gran esfuerzo.

El Sol y la Luna siempre se mueven de forma constante, sin aceleración ni retroceso. Para los planetas Mercurio a Saturno, el Chesta Bala se calcula en función de la dirección y la velocidad de sus movimientos. El cálculo del Chesta Bala de un planeta utiliza un complejo cálculo matemático. Hay ocho movimientos diferentes y sus fuerzas definidas en la astrología védica.

- **Vakra:** Movimiento en reversa o retroceso - 100% de fuerza, el brillo completo de un planeta se demuestra en esta fuerza
- **Anuvakra:** Movimiento hacia el Rashi anterior cuando está en retroceso - 60% de fuerza
- **Vikala:** Sin movimiento; el planeta está quieto - 15% de fuerza
- **Manda:** Planeta que se mueve lentamente y se desacelera, 30% de fuerza

- **Mandatara:** Movimiento muy lento y parece que no se mueve en absoluto - 15% de fuerza
- **Sama:** aceleración lenta, fuerza del 7,5%.
- **Chara:** Movimiento hacia delante a velocidad media - 45% de fuerza
- **Atichara:** Movimiento hacia delante con una velocidad superior a la media - 30% de fuerza

Naisargika Bala - La fuerza natural

La fuerza natural de los planetas se llama *Naisargika Bala*. Los planetas se vuelven progresivamente más fuertes en la siguiente lista:

- Saturno
- Marte
- Mercurio
- Júpiter
- Venus
- Luna
- Sol

Cuando dos planetas están posicionados para influirse mutuamente, entonces el planeta más fuerte influye en los más débiles y produce predominantemente sus efectos. De la lista anterior, el Sol es el planeta más fuerte. Cuando cualquier planeta está en conjunción con el Sol, entonces se convierte en combusto. El Naisargika Bala del Sol, mientras esté en conjunción con otros planetas, nunca se reducirá.

Drgbala - La fuerza del aspecto

Drgbala se deriva de ser el aspecto natural del planeta, ya sea naturalmente maléfico o benéfico. El aspecto de maléfico natural reduce la fuerza del planeta, mientras que el aspecto de benéfico natural aumenta su fuerza. La fuerza del aspecto depende de la diferencia longitudinal entre el planeta aspectado y el planeta aspectante.

Un planeta naturalmente benéfico (Venus, Júpiter, Buda benéfico y la Luna creciente) aspecta a otro planeta, entonces aumenta la fuerza del planeta aspectado. Por el contrario, cuando los planetas naturalmente maléficos (Marte, Saturno, Surya, Mercurio maléfico y la Luna menguante) aspectan a un planeta, entonces la fuerza del planeta aspectado se reduce.

Una vez más, calcular la Drgbala de un planeta es complejo y requiere mucho tiempo. La mayoría de los astrólogos utilizan un método de aproximación comúnmente aceptado, que provoca un pequeño error que puede ignorarse.

Aunque puede ser poco práctico llegar a la fuerza de un planeta de forma matemática (teniendo en cuenta el complejo cálculo que suele implicar), es posible llegar a predicciones precisas basadas en la comprensión de las condiciones que hacen que los planetas tengan fuerza. No es necesario conocer los procesos de cálculo completos y complejos para conocer la fuerza y los efectos correspondientes de un planeta. Basta con comprender adecuadamente el concepto de fuerza séxtuple. En esta coyuntura, tiene sentido hablar del poder o fuerza especial de Chandra, la Luna, considerando que este planeta es visto como el sustentador y nutriente natural de un horóscopo. El período creciente y menguante de la Luna también afecta a su fuerza.

Para Chandra, el Paksha Bala es más importante que el Sthana Bala. Por lo tanto, incluso si Chandra ocupa un lugar que debilita su fuerza, pero es fuerte debido al Paksha Bala, entonces Chandra se considera fuerte. Y si Chandra se coloca en una posición fuerte en un horóscopo, la fuerza de los otros planetas se ve afectada positivamente, ya que la Luna presta su poder a los demás. Todos los planetas benéficos adquieren su fuerza durante el Shukla Paksha de Chandra. Por lo tanto, mientras más fuerza tenga Chandra en su Paksha Bala, más poder obtendrán los planetas benéficos.

Capítulo 11: El tiempo de los acontecimientos: Dashas y tránsitos

La astrología se ocupa de la sincronización de eventos futuros y de hacer predicciones precisas. La carta Rashi o carta astral de un nativo le da una idea de la promesa inherente en su vida, basada en las posiciones de los planetas y otras consideraciones conectadas con los planetas, Rashis, etc. Solo muestra la promesa inherente que tiene la vida del nativo en cuestión. Pero, cuando esta promesa puede convertirse en realidad depende de los elementos llamados Dashas y del movimiento/tránsito de los planetas.

Usted ha leído y aprendido sobre el período Dasa de cada planeta. El período total de Dasa de un planeta o Graha está dividido en múltiples partes, que son, a su vez, gobernadas por diferentes planetas y sus señores. El Dasa que es operativo, y los resultados correspondientes involucran varios factores, incluyendo la significación natural del planeta, su regente, su posición y colocación, aspectos, y la fuerza.

El periodo principal del Dasa se llama *mahadasha*, subdividido en periodos más pequeños en los que los nueve planetas están operativos dentro del mahadasha de un planeta. El tránsito de los planetas, especialmente Shani y Gurú, juega un papel crucial en cualquier evento importante que ocurra en la vida de un nativo.

Por ejemplo, Shani Mahadasha tendrá antardashas (subperíodos) dentro de su duración de 19 años. Por ejemplo, Shukra será un antardasha dentro del Shani Mahadasha durante 2 años y 9 meses. Por lo tanto, durante este período, los efectos de Shani Mahadasha, junto con Venus antardasha, deben ser analizados para obtener predicciones precisas. Durante el período de 2 años y 9 meses del antardasha de Venus, se debe saber lo que tanto Shani como Venus están haciendo en el cielo del Zodiaco.

La promesa cuando los efectos del buen karma fructifiquen dependerá del Dasa y del tránsito de los planetas a través del Dasa. Vamos a discutir eventos importantes que pueden ser predichos con exactitud basados en la carta natal, los Dasas y el tránsito de los planetas. Utilizaremos ejemplos para aprender sobre los temas de este capítulo.

Estudio de caso I

Fecha de nacimiento: 13 de diciembre de 1956; Hora de nacimiento: 11:10 p. m.; Lugar de nacimiento: Delhi

Cuando esta persona nació, el balance de Ketu Dasa que ocurría en ese momento (calculado desde el momento del nacimiento del nativo) era de 3 años, 11 meses y 1 día. Usando esta información, el Vimshottari Dasa de una persona nacida en la fecha, hora y lugar mencionados será:

- Ketu Dasa (Saldo restante) - hasta los cuatro años de edad
- Shukra Dasa (20 años) - desde los 4 años hasta los 24 años de edad
- Surya Dasa (seis años) - de 24 años a 30 años de edad
- Chandra Dasa (diez años) - de 30 años a 40 años de edad

- Mangala Dasa (siete años) - de 40 años a 47 años de edad
- Rahu Dasa (18 años) - de 47 a 65 años
- Gurú Dasa (16 años) - de 65 a 81 años de edad
- Shani Dasa (19 años) - de 81 a 100 años de edad

Vimshottari Dasa afecta la vida de un nativo de la siguiente manera:

- Durante la infancia: Los padres y la salud de los nativos
- Durante la adolescencia: La educación
- Durante la juventud: La mente, el trabajo y la familia
- Durante la vejez: La salud, los hijos y el cuidado del nativo

Para el ejemplo anterior, Ketu Dasa ocurrió hasta los 4 años de edad. Ketu estaba en la casa de Shukra en Kendra, que representa al padre. Por lo tanto, el nacimiento de este niño fue bueno en términos de su salud y el progreso del padre del nativo.

A partir de los 4 años de edad, el nativo fue influenciado por Shukra Dasa. Este período afecta a la educación. Shukra está en su propia casa, que es también la casa de la escritura y de la naturaleza artística. La casa de la educación es la cuarta casa ocupada por Surya, Shani y Rahu para este nativo. Rahu y Shani dan como resultado que el niño sea reflexivo e introvertido, mientras que Shani también hace que se interese por la ciencia. Buda en la casa 5 resulta en la construcción del interés del nativo en los cálculos. Por lo tanto, es probable que el nativo haya sido educado con un profundo interés por la ciencia y las matemáticas.

De 24 a 30 años, Surya Dasa influyó en este nativo. Surya, en la carta natal de este nativo, está en la cuarta casa dándole al individuo el empuje necesario para iniciar su propio negocio y ganar mucha fama a una edad temprana. Chandra, el señor de la duodécima casa, trajo suerte y buena fortuna, resultando en un buen éxito en los negocios para el nativo.

De los 40 a los 47 años, este nativo estuvo influenciado por Mangala Dasa. Aunque Marte es un planeta benéfico, para este nativo se posiciona en la octava casa, lo que resulta en un gran revés para su profesión y negocios.

Rahu Dasa para esta persona es el siguiente. Este planeta está en debilitamiento, pero está en Kendra, y es probable que haya tenido buena fortuna. Sin embargo, los problemas de salud podrían haber surgido durante el Rahu Dasa para el nativo.

Gurú Dasa se establece solo a los 62 años para este nativo, y podrían ser los mejores años de su vida. Es probable que el nativo lleve una vida tranquila y serena durante Gurú Dasa.

Tránsito de planetas

Normalmente, para estudiar el tránsito de los planetas, solo se consideran Shani, Gurú y Rahu. Esto se debe a que los otros planetas se mueven rápidamente. Surya, Buda y Shukra giran una vez al año, Mangala tarda dos años, Chandra tarda solo un mes y Ketu siempre está opuesto a Rahu. Por lo tanto, basta con ver solo a Shani (Saturno, que tarda 30 años en completar un ciclo), Rahu (que tarda 18 años en completar un ciclo) y Gurú (que tarda 12 años en completar un ciclo) para estudiar el tránsito de los planetas.

Cuando un planeta transita por los signos de debilitamiento o por los signos que pertenecen a sus enemigos, no dará resultados buenos y auspiciosos. Por ejemplo, cuando Saturno transita por Leo, Cáncer, Escorpio y Aries (también el signo de debilitación), que son propiedad de sus enemigos, se quemará y no podrá reflejar todo su potencial durante unos 25 días cada año durante el Mahadasha de 19 años.

Para Shukra, este tránsito desfavorable se producirá cuando pase por Cáncer y Leo, ambos regidos por los enemigos de Venus. Durante su propio mahadasha, entrará en combustión una vez al año durante unos 20 días. Además, estos tránsitos se vuelven muy importantes durante el subperíodo Saturno-Venus de 2 años y 9 meses.

Cuando el dueño de un Dasa o período de tiempo está en su signo de exaltación, su propio signo, o en los signos de planetas amigos, entonces el Graha en cuestión dará efectos auspiciosos. En tales circunstancias, incluso durante los retrocesos, estos planetas no dan efectos malos, y podrían dar efectos auspiciosos.

Por ejemplo, en Shani mahadasha, cuando Saturno transita a través de Capricornio, Acuario, Virgo, Géminis, Libra y Tauro, que son todos signos exaltados para el planeta, entonces retrogradará anualmente durante unos tres o cuatro meses.

Para Shukra mahadasha, esto ocurrirá cuando el planeta transite por Géminis. Libra, Virgo, Acuario, Piscis y Capricornio. La duración del retroceso será de unos tres o cuatro meses una vez al año.

Los tránsitos de los planetas son especialmente significativos cuando están en conjunción con la Luna. Cuando Saturno cruza la Luna, se llama *Sade Satí*. Es probable que el nativo se enfrente a grandes pérdidas o progresos, dependiendo del signo en el que se encuentre la Luna. Del mismo modo, el paso de Saturno por la octava casa de la Luna también provoca tensiones y pérdidas.

En el ejemplo anterior, Gurú cruzó sobre Rahu/Shani cuando el nativo tenía 2, 14, 26, 28, 50 y 62 años de edad. Saturno y Júpiter estaban en conjunción cuando el nativo tenía 12, 24, 36, 48 y 60 años. En el momento de estos tránsitos, Júpiter estaba sobre la cuarta casa, por encima de Shani y Rahu, lo que provocó un cambio de residencia o la compra de una nueva propiedad. Cuando Júpiter transitó sobre la séptima casa regida por Saturno, el nativo se casó. Saturno sobre Saturno o Rahu resultó en la pérdida de negocios.

Además, el nativo experimentó el Sade Satí en 1968 y de nuevo en 1996. En 1968, el nativo perdió el interés académico, y en 1996, la madre del nativo enfermó y hubo una muerte en la familia. Los tránsitos cortos muestran sus resultados de forma más prominente y efectiva que los mahadasha y los antardashas. Sin embargo, los tránsitos importantes afectan al nativo de manera importante. El tránsito de Shani sobre Chandra es muy importante. Gurú y Rahu transitando por el Lagna y la Luna dan resultados iguales. Típicamente, la superposición de Dasas sobre el tránsito de planetas da predicciones más precisas que de otra manera.

Además del Sistema Vimshottari Dasha, el Sistema Yogini Dasha también se utiliza para calcular Dasas y tránsitos de planetas. Es importante darse cuenta de la extrema dificultad de hacer predicciones precisas en la Astrología Védica. Hay múltiples factores a considerar, cada uno de los cuales tiene sus propias reglas y regulaciones para los cálculos y el análisis matemático.

Dasas, tránsitos de planetas, cartas divisionales, fuerzas planetarias, avasthas, y muchos más determinantes deben ser considerados antes de llegar a predicciones precisas. Incluso con la ayuda de programas informáticos, el proceso de predicción para un solo nativo puede durar varias horas, o incluso más.

Capítulo 12: Ashtakavarga: Los puntos del destino de un vistazo

Este capítulo final de la astrología védica trata del Ashtakavarga o el sistema de los ocho puntos utilizados para hacer predicciones con solo echar un vistazo al horóscopo. Aunque esta herramienta es un tema independiente, usarla con las otras herramientas mencionadas en los capítulos anteriores de este libro puede ser un poderoso enfoque predictivo. Veamos cómo ayuda esta técnica.

El sabio Parashará también menciona la importancia de esta técnica, utilizada no solo para determinar los efectos benéficos de los planetas a través del Chandra y el ascendente, sino también para descubrir la auspiciosidad de las casas mediante el estudio de los tránsitos de los planetas. La técnica Ashtakavarga emplea Bindu (puntos) y Rekha (líneas) para determinar la posición de los planetas. Esta poderosa herramienta es considerada mientras se analizan los mahadashas y antardashas de los planetas.

La tabla Ashtakavarga tiene varias filas y columnas. La fila superior es para los 12 signos del Zodiaco desde Aries hasta Piscis. La primera columna de la derecha es el grado del ascendente, y la primera columna de la izquierda tiene los siete planetas. Rahu y Ketu no aparecen en la tabla Ashtakavarga. En su lugar, el propio Lagna se trata como un planeta completo. La fila frente a cada planeta representa la puntuación del planeta en el signo zodiacal de la respectiva cabeza de columna. La última fila es la puntuación combinada de cada signo con respecto a los ocho planetas (incluido el Lagna). La última columna es la puntuación combinada de cada planeta con respecto a los 12 signos.

En la tabla Ashtakavarga, la puntuación de cada combinación planeta-signo del Zodiaco varía de 0 a 8. La puntuación total de cada planeta con respecto a los 12 signos del Zodiaco puede oscilar entre 0 y 56. Solo las reglas deben interpretar cualquier tabla Ashtakavarga. Aquí están las dos reglas:

Regla #1: Observe la fila de cada planeta. Notará que, para cada uno de los 12 signos, el planeta considerado obtiene una puntuación que va de 0 a 8. Cada punto es un indicador del poder del planeta para influir en el signo relacionado con la puntuación. Estas son las subreglas relacionadas con la regla #1:

- Si el planeta se encuentra en un signo cuya puntuación está entre cinco y ocho, entonces el planeta dará resultados auspiciosos.
- Si la puntuación de la combinación planeta-signo es de cuatro, los resultados serán medios.
- Si la puntuación de la combinación planeta-signo está entre cero y tres, los resultados serán desfavorables.

Regla #2: A continuación, mire los totales de los signos individuales, que es la última fila de la tabla. Los valores de esta fila oscilarán entre 0 y 56. Esta fila representa el poder de cada signo del zodiaco para dar relacionado con su relación con la posición del planeta. Siga estas pautas para interpretar los valores numéricos de esta última fila:

- Un signo del Zodiaco con una puntuación superior a 30 suele dar buenos resultados.

- Un signo con una puntuación total inferior a 25 significa que es poco propicio.
- Los signos con puntuaciones entre 25 y 80 dan resultados medios.

La siguiente información puede obtenerse de una tabla Ashtakavarga:
- Casa más débil: aquella que tiene la puntuación más baja
- Casas débiles: las que tienen menos de 25 puntos
- Casas medias: las que tienen una puntuación entre 25 y 30 puntos
- Casas fuertes: las que tienen las puntuaciones más altas o superiores a 30

También es importante saber que el total de la puntuación de los 12 signos juntos debería ser 337. Si este número es diferente, entonces algo ha fallado en la tabla. Vuelva a comprobarlo antes de seguir adelante e intentar interpretarlo.

Cómo utilizar la tabla Ashtakavarga para la interpretación de la carta Rashi

Primero, marque el Lagna. Luego marque el valor numérico más bajo y más alto de la carta. Anote la casa y los Rashis a los que corresponden estos dos números. Supongamos que el número más bajo está en la quinta casa, entonces comience su análisis investigando la quinta casa, que se ocupa principalmente de los niños. Si bien se indica un problema con los adolescentes, no tiene por qué ser un asunto importante. El número más bajo es solo una indicación para que usted o su astrólogo realicen una investigación más detallada en esa casa en particular. A medida que se profundice, la intensidad y la importancia del problema quedarán claras.

Del mismo modo, si la puntuación más baja está en la novena casa, tiene sentido investigar allí. La novena casa se ocupa de varios aspectos importantes de la vida de un nativo. Pero el factor más importante de la novena casa tiene que ver con el padre o el jefe de la familia. Por lo tanto, una puntuación baja aquí podría significar que el padre del nativo puede haber muerto a una edad temprana o tener problemas de salud.

Otro punto relevante para tener en cuenta sobre las cartas Ashtakavarga es que no deben utilizarse por sí mismas o por separado para hacer predicciones. Es fundamental comprobar otros factores astrológicos, incluyendo las cartas divisionales pertinentes, las fuerzas planetarias, etc., para interpretar correctamente la vida de un nativo y sus experiencias vitales. Pero esta tabla puede ser un poderoso indicador de dónde comenzar la investigación y encontrar respuestas a otras preguntas que probablemente surjan al verificar varios ángulos del horóscopo de un nativo.

Aquí hay más puntos sobre la tabla Ashtakavarga que le ayudarán a hacer buenas predicciones:

Si el número en la primera casa o Lagna es bajo y también es menor de 25, entonces significa que el nativo necesita el apoyo de otras personas para hacer su trabajo. Este individuo no puede hacer su karma por sí mismo. Estos individuos siempre necesitan a alguien con ellos y no pueden sobrevivir sin un compañero.

Si la primera casa tiene una puntuación alta, estas personas disfrutan trabajando solas. Es probable que estos individuos tengan un ego elevado, aunque pueden tomar decisiones correctas con poca ayuda de los demás. Las personas con una puntuación alta en el Lagna suelen tener éxito, siempre que las demás posiciones planetarias sean prometedoras.

Si la puntuación de la casa duodécima es baja, estos individuos también tienen una buena vida porque es probable que las oportunidades de pérdida y sufrimiento sean pocas. Si la puntuación de la duodécima casa es la más baja, estos individuos son unos avaros. No tienen la mentalidad ni la oportunidad de gastar dinero.

Si la puntuación de su undécima casa (casa de las ganancias) es mayor que la de su duodécima casa (casa de las pérdidas), entonces también es bueno porque significa que ganará más de lo que perderá. Si la condición se invierte, es decir, la puntuación de su duodécima casa es mayor que la de su undécima casa, entonces es probable que gaste más de lo que gane o perciba.

Estudio de caso de las puntuaciones de la mesa Ashtakavarga

Tomemos estas puntuaciones de una tabla Ashtakavarga:

Primera casa - 25, Segunda casa - 28, Tercera casa - 33, Cuarta casa - 29, Quinta casa - 26, Sexta casa - 24, Séptima casa - 35, Octava casa - 35, Novena casa - 26, Décima casa - 27, Undécima casa - 22 y Duodécima casa - 27. Si se fija, la puntuación total es de 337. Interpretemos estas puntuaciones:

- La puntuación media es de 337/12 = 28, que también se toma como umbral. Así, menos de 28 es una mala puntuación, y más de 28 es una buena puntuación. Esta es la razón por la que se toman de 25 a 30 como puntuaciones medias.

- En el caso anterior, la primera, quinta, sexta, novena, décima, undécima y duodécima casas han obtenido una puntuación inferior a 28. La tercera, cuarta, séptima y octava casas tienen un buen valor. La segunda casa, con un valor de 28, es media.

- Cualquier casa con una puntuación inferior a 25 es mala. Aquí, la novena y la undécima casa son bastante malas, siendo la undécima muy mala. Los valores de la primera, la novena, la décima y la undécima casa también son inferiores a 30, lo que significa que son indicadores negativos.

- El Lagna y la cuarta casa también tienen menos de 30.
- El valor de 25 en la primera casa significa que el nativo impulsará su vida después de los 25 años de edad.
- El valor de la segunda casa es 28, que es mayor que los valores de la undécima y la duodécima casa. Esto significa que el nativo no desperdiciará sus ganancias y su dinero.
- Pero el valor de su duodécima casa es mayor que el valor de su undécima casa, lo que significa que el nativo no podrá retener sus ahorros/ganancias. Los gastos de esta persona serán mayores que sus ingresos/ganancias/ahorros.

La primera, quinta y novena casa representan a Bandhu, y el total para este nativo es de 77.

La segunda, sexta y décima casa representan a Sevaka, y el total es de 79.

La tercera, séptima y undécima casa representan a Poshaka; el valor total es de 90.

La cuarta, octava y duodécima casa representan a Ghataka; el valor total es de 91.

Si el grupo Bandhu tiene el valor más alto, entonces el nativo tendrá amplios recursos, hará buen karma y será caritativo. Si el grupo Sevaka tiene el valor más alto, entonces el nativo tendrá un empleo o servicio, y tendrá mentalidad de dinero. Si el grupo Poshaka tiene la puntuación más alta, entonces el nativo puede ser un industrial, un empleador o un jefe. Si el grupo Ghataka tiene la puntuación más alta, entonces el nativo podría ser muy pobre.

Se necesita tiempo y esfuerzo para entender e interpretar la tabla Ashtakavarga. Pero, cuando se utiliza con las otras herramientas y técnicas astrológicas mencionadas en este libro, puede ser un predictor poderosamente preciso de los horóscopos.

Conclusión

A primera vista, la astrología védica puede parecer confusa para el principiante. Es fácil identificarse con este sentimiento de estar abrumado por la información que cubre este absorbente y cautivador tema. Sí, se requiere un poco de esfuerzo de su parte para entender los conceptos de Jyotisha.

Pero puede estar seguro de que sus esfuerzos no serán en vano. Con la práctica y la lectura sostenidas y persistentes, aprenderá a mirar un horóscopo o una tabla, a realizar cálculos rápidos y a calibrar lo que le espera al nativo.

Conocer el Jyotisha es útil para su propia vida. Cuando alcance un gran éxito, podrá revisar su propio horóscopo y saber que no lo está haciendo por su cuenta. Aprenderá que sus karmas pasados le están dando resultados beneficiosos. Cuando sufre mucho, de nuevo, la simple lectura del horóscopo le dará una idea de cuánto tiempo debe soportar los tiempos difíciles.

Ver las partes felices y tristes de su vida con ecuanimidad lo mantendrá con los pies en la tierra y le permitirá dar lo mejor de sí mismo en todo lo que intente. Para estas personas, los éxitos superarán con creces a los fracasos. Así que, adelante, lea el libro una y otra vez hasta que domine lo básico. Entonces podrá pasar a los niveles avanzados.

Vea más libros escritos por Mari Silva

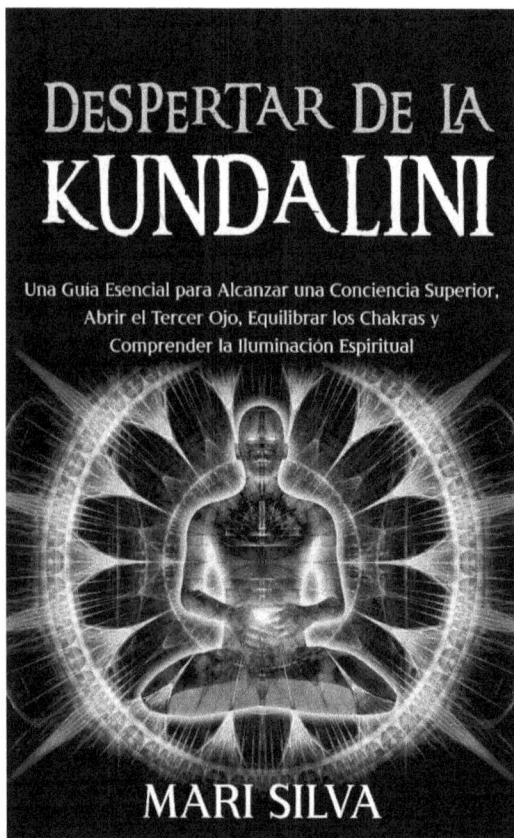

Fuentes

https://yogadigest.com/introduction-vedic-astrology/

https://www.speakingtree.in/blog/the-types-of-vedic-astrology

https://www.astrojyoti.com/9planets.htm

https://www.astrology-prophets.com/9-planets.php

http://www.theartofvedicastrology.com/?page_id=117

https://astrosurkhiyan.blogspot.com/2014/06/planetary-friendships.html

https://ommrudraksha.com/planet-friends-friends-and-enemies-friendship-chart-astrology

https://vicdicara.wordpress.com/2010/06/04/determining-planetary-friendship-and-enmity/

https://www.appliedvedicastrology.com/2019/08/31/the-real-meaning-of-planetary-aspects-the-nature-of-desire-in-our-chart-part-1/

http://www.theartofvedicastrology.com/?page_id=146

http://www.vaastuinternational.com/astrology4.html

https://jyotishvidya.com/bhavatbhavam.htm

http://www.bhairavastrology.com/expertise/vedic-astrology/

https://astrobix.com/astrosight/564-ayanamsa-meaning-ayanamsa.html

https://www.youtube.com/watch?v=E2AWLDwolVo

https://www.astrojyoti.com/lesson9.htm

http://www.bhairavastrology.com/expertise/vedic-astrology/

https://www.youtube.com/watch?v=NNkV9sWPVtk

http://www.theartofvedicastrology.com/?page_id=127

https://www.youtube.com/watch?v=00-PlzTA5ZQ

https://www.heerejawharat.com/astrology/astrology.php

https://www.astrojyoti.com/lesson1.htm

https://astrologer-astrology.com/zodiac_lord_indian_vedic_astrology_jyotish.htm

https://blog.indianastrologysoftware.com/study-of-divisional-charts/

http://www.theartofvedicastrology.com/?page_id=430

https://srath.com/principles-of-divisional-charts/

https://www.linkedin.com/pulse/importance-divisional-charts-vedic-astrology-pt-b-p-upadhyay

http://www.theartofvedicastrology.com/?page_id=458

https://www.dirah.org/shadbala.htm

https://vedicastroadvice.com/articles-on-vedic-astrology/shadbala_and_vedic_astrology/

https://medium.com/thoughts-on-jyotish/shadbala-the-6-sources-of-strength-4c5befc0c59a

https://www.speakingtree.in/blog/art-of-prediction-part-iii-dashas-and-transits

https://www.futurepointindia.com/article/en/timing-of-event-through-dasa-and-transit-8799

https://psychologicallyastrology.com/2019/12/23/fine-tuning-predictions-dasha-plus-transit/

https://vedicsiddhanta.in/2016/11/power-of-vimsotri-dasha-how-transits.html#.Xz1cTvlKh0w

https://astrobix.com/learn/359-determination-of-results-through-ashtakvarga.html

https://sreenivasdesabhatla.wordpress.com/2013/05/18/ashtakavarga-system-of-prediction-1/

https://www.youtube.com/watch?v=khqRo4Ujw0M

https://psychologicallyastrology.com/2019/10/12/ashtakvarga-practical-ways-of-using-the-tables/

http://circleof360.blogspot.com/2018/08/understaning-ashtakvarga-table-with.html

www.ingramcontent.com/pod-product-compliance
Lightning Source LLC
Chambersburg PA
CBHW071859090426
42811CB00004B/674